Vom Kassasturz
zum Haushaltsplan

Ausgaben in den
Griff bekommen

Strategien gegen
finanzielle Engpässe

Verein für Konsumenteninformation
Manfred Lappe

Auskommen mit dem Einkommen

Impressum

Herausgeber
Verein für Konsumenteninformation (VKI)
Mariahilfer Straße 81, A-1060 Wien
ZVR-Zahl 389759993
Tel. 01 588 77-0, Fax 01 588 77-73, E-Mail: konsument@vki.at
www.konsument.at

Geschäftsführer
Ing. Franz Floss

Autor
Dipl.-Kfm. Manfred Lappe

Lektorat
Dr. Elisabeth Spanlang

Produktion
Günter Hoy
Harald Sedlak (DTP)

Grafische Gestaltung und Umschlag
Erwin Haberl

Foto Umschlag
iStockphoto_Lyly

Druck
Holzhausen Druck & Medien
Ges.m.b.H., 1140 Wien

Stand
Januar 2009

Einzelbestellung VKI
Konsument, Kundenservice
Mariahilfer Straße 81, A-1060 Wien
Tel. 01 588 774, Fax 01 588 77-72
E-Mail: kundenservice@konsument.at

Bibliografische Information der Deutschen Nationalbibliothek
Die Deutsche Nationalbibliothek verzeichnet diese Publikation in der Deutschen Nationalbibliografie; detaillierte bibliografische Daten sind im Internet über http://dnb.d-nb.de abrufbar.

Verein für
Konsumenteninformation
ISBN 978-3-902273-83-3

€ 14,90

Liebe Leser!

Erschreckend! Im ersten Halbjahr 2007 wurden bei österreichischen Bezirksgerichten 4.350 Privatkonkurse eröffnet. Dies ist ein Plus von knapp 18 Prozent gegenüber dem gleichen Zeitraum 2006. Somit gingen im ersten Halbjahr 2007 täglich 30 Privatpersonen in die Insolvenz (www.ksv.at)! Im ersten Halbjahr 2008 waren es dann 4.858 Menschen, also nochmals 12,7 Prozent mehr. Auch unseren deutschen Nachbarn geht es nicht besser. Im Herbst 2008 waren rund 6,9 Millionen Privatpersonen in Deutschland überschuldet!

Umso verwunderlicher ist es, dass es kaum leicht verständliche und umfassende Hilfestellungen für den richtigen Umgang mit Einnahmen und Ausgaben gibt. Tipps zum Sparen finden sich zwar in Zeitschriften und auf dem Büchermarkt zuhauf – bis hin zu skurrilen Vorschlägen wie „Fahren Sie mit dem Pizza-Taxi nach Hause". Das hat vielleicht einen kurzfristigen humoristischen Wert – geholfen wird damit niemandem.

Einnehmen und ausgeben

Hier geht es nicht ums prinzipielle Sparen, sondern ums Haushalten, also das richtige Verhältnis von Einnahmen und Ausgaben. Sie können und dürfen eine Ware nicht als billiges Schnäppchen kaufen, wenn Sie auch diesen Preis (derzeit) nicht zahlen können. Oder wenn Sie das gute Stück eigentlich gar nicht brauchen. Egal, was Sie sich leisten möchten: Den finanziellen Spielraum dafür müssen Sie sich erst durch bewusstes Haushalten an anderer Stelle schaffen.

Auskommen mit dem Einkommen klingt im ersten Augenblick vielleicht banal, ist es aber nicht! Es ist auch kein Problem von Haushalten mit geringem Einkommen. Jeder kennt die schlagzeilenträchtigen Geschichten vom Milliardär bzw. Millionär, der innerhalb weniger Jahre in die Privatinsolvenz abrutschte. Ein finanzieller Absturz kann jedem passieren, wenn wichtige Grundsätze des Haushaltens nicht beachtet werden.

In diesem Ratgeber geht es um Privathaushalte und es gibt keine Einschränkung auf eine bestimmte Einkommenshöhe oder ein bestimmtes Alter der Leser. Hier wird Ihnen keine Ansammlung von Binsenweisheiten präsentiert, sondern ein leicht nachvollziehbares Konzept zur Aufstellung eines funktionierenden Haushaltsplans. Dies schließt effiziente Kontrollen natürlich mit ein. Denn was hilft ein Plan, dessen Fehler Sie nicht (frühzeitig genug) erkennen? Wichtig ist auch, dass Sie rechtzeitig Fallen entdecken, die zum Teil erst nach Jahren zu einer Gefahr für Ihre Finanzen werden können.

Unternehmen Haushalte

Grundlage dieses Buches sind nicht zuletzt Erkenntnisse aus der Unternehmensführung und -sanierung. Wir haben sie für Sie verständlich und durch Beispiele nachvollziehbar in den Bereich eines Privathaushalts übertragen.

Bei der Aufstellung Ihres Haushaltsplans werden Sie schnell erkennen: Er ist ein Abbild aller Lebenslagen – mit Ihnen als Hauptfigur. Die erstmalige Aufstellung vermittelt Ihnen einen Einblick in Ihr heutiges Finanzgebaren. Durch die Nutzung der vielfältigen Tipps und vorgeschlagenen Kontrollen werden sich aber nicht nur die Zahlen ändern. Richtig angewandt führt ein Haushaltsplan zu einem bewussteren Leben und natürlich zu weniger Problemen mit dem lieben Geld.

Anregungen zum Sparen werden Sie natürlich auch finden. Dabei geht es hauptsächlich um das Aufzeigen von Wirkungszusammenhängen, damit Sie – angewandt auf Ihre persönliche Situation – prüfen können, welcher Tipp für Sie überhaupt in Frage kommt. So erhalten Sie keine pauschalen Antworten auf unterschiedliche Fragestellungen, sondern eine echte Hilfe zur Selbsthilfe.

Für Fragen nach speziellen Bereichen der Lebensführung müssen Sie auch nicht das gesamte Buch lesen. Eine auch auf Einzelfragen abgestimmte Gliederung und ein umfangreiches Stichwortverzeichnis ermöglichen Ihnen den raschen Zugriff auf Einzelthemen.

Inhalt

Der Haushaltsplan

Form und Aufbau

Monats- und Jahresdarstellung

Kontrolle der Einnahmen und Ausgaben

Form und Aufbau

Bei einem Haushaltsplan denken Sie zu Recht an Einnahmen und Ausgaben. Bevor wir jedoch zu diesem Herzstück jedes Haushaltsplans kommen, müssen wir uns mit Formalem beschäftigen: Wie sieht ein Haushaltsplan aus und wie sollte er aufgebaut sein?

Natürlich können Sie Haushaltspläne unterschiedlichster Qualität inzwischen auch als CD (Computer-Disc) für Ihre Arbeit am PC kaufen. Diese erfüllen jedoch selten bis gar nicht die Anforderungen, die wir hier an einen Haushaltsplan stellen: Er soll nicht nur zur Addition von eingegebenen Werten dienen, sondern Sie auch frühzeitig auf Gefahren in Ihrem Ausgabenverhalten hinweisen.

Haushaltsplanung 2009 für Martin Moser

Bereich	**Januar**	**Februar**	**März**	**usw.**	**Kündigungsfrist**
Einnahmen					
Sichere Einnahmen					
Gehalt	2.000,00 €	2.000,00 €	2.000,00 €	2.000,00 €	unbefristet
Kindergeld / Familienbeihilfe					
Summe sichere Einnahmen	2.000,00 €	2.000,00 €	2.000,00 €	2.000,00 €	
Unsichere Einnahmen					
Schichtzulage	150,00 €	150,00 €	150,00 €	150,00 €	
Überstunden	250,00 €	250,00 €	250,00 €	250,00 €	täglich
Zinsen	100,00 €	100,00 €	1.100,00 €	100,00 €	monatlich
Summe unsichere Einnahmen	500,00 €	500,00 €	1.500,00 €	500,00 €	
Ausgleichsposten Einnahmen					
Vermögensverzeht					
Schulden					
Summe Einnahmen	**2.500,00 €**	**2.500,00 €**	**3.500,00 €**	**2.500,00 €**	

Haushaltsplanung 2009 für Martin Moser

Bereich	Januar	Februar	März	usw.	Kündigungsfrist
Ausgaben					
Miete	-750,00 €	-750,00 €	-750,00 €	-750,00 €	3 Mon. zum Monatsende
Fahrtkosten					
Treibstoff	-50,00 €	-50,00 €	-50,00 €	-50,00 €	
Kfz-Steuer				-120,00 €	
Kfz-Versicherung	-500,00 €				
Telefon	-87,50 €	-87,50 €	-87,50 €	-87,50 €	
Lebensmittel	-400,00 €	-400,00 €	-400,00 €	-400,00 €	
Schuldentilgung	-400,00 €	-400,00 €	-400,00 €	-400,00 €	bis 2005
unverzichtbare Versicherungen		-700,00 €			jährlich
Kleidung			-500,00 €		
Urlaub			-1.000,00 €		
Ausgehen	-150,00 €	-150,00 €	-150,00 €	-150,00 €	täglich
Hobby	-50,00 €	-50,00 €	-50,00 €	-50,00 €	jährlich
Mitgliedschaften		-30,00 €			
Reserve	-300,00 €	-300,00 €	-300,00 €	-300,00 €	täglich
Ausgleichsposten Ausgaben					
Sondertilgung Kredite					
Sparen	-158,37 €	-158,33 €	-158,33 €	-158,33 €	täglich
Summe Ausgaben	**-2.845,87 €**	**-3.075,83 €**	**-3.845,83 €**	**-2.465,83 €**	
Jahresumlage Ausgaben					
Kfz-Steuer	-10,00 €	-10,00 €	-10,00 €	110,00 €	
Kfz-Versicherung	458,37 €	-41,67 €	-41,67 €	-41,67 €	
Kleidung	-41,67 €	-41,67 €	458,33 €	-41,67 €	
unverzichtb. Versicherungen	-58,33 €	641,67 €	-58,33 €	-58,33 €	
Mitgliedschaften	-2,50 €	27,50 €	-2,50 €	-2,50 €	
Summe Jahresumlagen (+) Entnahme, (-) Zuführung	**345,87 €**	**575,83 €**	**345,83 €**	**-34,17 €**	
Kontrollsumme	**0,00 €**	**0,00 €**	**0,00 €**	**0,00 €**	

Unsere Testperson für den Haushaltsplan von ► Seite 10–11 heißt Martin Moser, lebt allein, hat keine Kinder, ist fest angestellt und bewohnt eine Mietwohnung.

Hier geht es zunächst um die prinzipiellen Bausteine. Um Ihnen ein besseres – auch visuelles – Verständnis zu ermöglichen, zuerst einmal ein Beispiel einer Planung, bei der Sie bitte nicht direkt jede einzelne Zahl einer kritischen Überprüfung unterziehen. Das Beispiel dient nur der Darstellung der Funktionsweise.

Monats- und Jahresdarstellung

Häufig werden Haushaltspläne – soweit sie überhaupt ausführlich besprochen werden – nur auf Monatsebene aufgestellt. Das hilft Ihnen jedoch nur teilweise, da ein Teil Ihrer Einnahmen und Ausgaben nicht jeden Monat, sondern zu wenigen Zeitpunkten im Jahr erfolgt. Wie sich später zeigen wird, erleichtern Sie sich mit der hier gewählten Darstellung den Überblick.

Jahresdarstellung erhöht Überblick

Das Problem einer kurzfristigen Haushaltsplanung nur für einen Monat oder von Monat zu Monat wird besonders deutlich, wenn wir uns in unserem Beispiel den Monat Januar ansehen. Die Versicherungsprämien werden in einer Summe fällig und führen in diesem Monat zu erhöhten Ausgaben. Sind dann nicht genügend Reserven in Form von gesparten Beträgen verfügbar, erzeugt das Stress und erhebliche Einsparungen in allen anderen Bereichen. Oder es führt zur bekannten Kontoüberziehung mit Zinssätzen von oft deutlich über 10 Prozent.

Jahresumlage Ausgaben

Das muss nicht sein. In unsere Haushaltsplanung bauen wir unterhalb der Rubrik Ausgaben den separaten Bereich einer sogenannten Jahresumlage Ausgaben ein. In dem Monat der erhöhten Ausgaben bilden wir einen Ausgleichsposten (+ Vorzeichen) von elf Zwölftel des fälligen Jahresbeitrages, den wir in den anderen elf Monaten ansparen. Bei quartalsmäßigen

Zahlungen sind es zwei Drittel der Quartalszahlung, die wir in den anderen zwei Monaten des Quartals ansparen. Diesen Betrag müssen wir uns in den anderen Monaten natürlich ersparen, sodass die auf den Monat gerechneten Beträge (ein Zwölftel bei jährlicher, ein Drittel bei quartalsmäßiger Zahlungsweise) bei den anderen Monaten als Kosten gerechnet werden müssen. Dieses Geld ist für genau diese Zahlungsverpflichtungen reserviert.

Jahresumlage ist zweckgebundene Sparleistung

In unserem Haushaltsplan haben wir im Januar die jährliche Kfz-Versicherung in Höhe von 500 Euro zu bezahlen. Wir erstatten diese jährlich statt monatlich, weil wir dadurch nur 500 statt sonst 550 Euro bezahlen müssen. D.h. wir haben eine Ersparnis von 50 Euro oder rund neun Prozent. Dies bedeutet aber, dass wir jeden Monat einen Teil des Betrages zurücklegen müssen: 500 Euro dividiert durch 12 Monate = 41,67 Euro pro Monat. Durch die Zuführung (gekennzeichnet durch ein –, da zusätzliche Ausgabe) und Entnahme (+, da zusätzliche Einnahme) bei der Jahresumlage entstehen Rundungsdifferenzen. In unserem obigen Beispiel betragen diese 0,04 Euro (12 x 41,67 Euro = 500,04 Euro), die wir beim Unterpunkt Sparen bzw. Vermögensverzehr berücksichtigen. Wichtig ist, dass Sie die Jahresumlage als zusätzliche Sparleistung betrachten. In Monaten mit hohen Ausgaben, z.B. durch die Kfz-Versicherung von 500 Euro, sind die Ausgaben höher als die Einnahmen. Die Jahresumlage sorgt dann für einen ausgeglichenen Haushalt. Sie ist quasi ein separates Sparbuch oder Sparschwein nur für die Verteilung der jahresübergreifenden Ausgaben!

Im Monat Januar haben wir zwar 500 Euro an Ausgaben, jedoch stehen uns hierfür die im Vorjahr ersparten Beträge zur Verfügung (11 Monate x 41,67 Euro = 458,33 Euro + 41,63 Euro vom aktuellen Januar).

Durch die Einführung der zusätzlichen Jahresumlage enthält unser Haushaltsplan jetzt zwei wesentliche Aussagen zu den Kosten (Tabelle ► Seite 14):

- Im oberen Ausgabenblock finden sich die Ausgaben entsprechend dem Zahlungszeitpunkt, d.h. unter Berücksichtigung der monatsübergreifenden Zahlungen.

Jahresumlage Ausgaben

Ausgaben	Januar	Februar
Kfz-Versicherung	-500,00 €	
Jahresumlage Ausgaben		
Kfz-Versicherung	458,37 €	-41,67 €
Monatliche Belastung	**-41,63 €**	**-41,67 €**

- Unter Berücksichtigung der Jahresumlage erhalten wir einen Überblick über die durchschnittliche monatliche Belastung.

Solide Haushaltsplanung verzichtet auf Jahresumlagen bei den Einnahmen

Diese Jahresumlage verwenden wir ausschließlich bei den Ausgaben. Bei den Einnahmen würde sie ansonsten dazu führen, dass wir eine einmalige zukünftige Zahlung, z.B. das Weihnachtsgeld, bereits im Januar anteilig zum Konsum freigeben. Das entspricht keiner soliden Haushaltsführung. Einzig wenn besondere Einnahmen, z.B. das Urlaubsgeld, und sachlich zugeordnete Ausgaben sich im gleichen Monat gegenüber stehen, können wir auch bei den Ausgaben auf eine Jahresumlage verzichten.

Ist Ihnen diese Jahresumlage zu kompliziert? Dann könnten Sie natürlich diese erhöhten Ausgaben in einem Monat und die Rücklagen in anderen Monaten über die Rubrik Sparen bei den Rücklagen und dem sogenannten Vermögensverzehr bei der erhöhten Ausgabe abwickeln. Die Gefahr dabei ist, dass Sie leicht den Überblick darüber verlieren, welche Beträge genau für welche Ausgaben reserviert sind. Wir glauben aber, dass Sie sich beim mentalen Haushalten etwas leichter tun, wenn Sie diese Beträge als fest verplant betrachten und das auch im Haushaltsplan sichtbar machen! Diese Beträge stehen eben nicht mehr für Urlaub, Anschaffungen, etc. zur Verfügung!

Kündigungsfristen von Verträgen

Die Spalte Kündigungsfrist in unserem Beispiel (▶ Seite 10 f.) ist wahrscheinlich auch vielen Fachleuten im Bereich der Haushaltspläne nicht immer geläufig. Wir verfolgen hiermit mehrere Ziele, auf die wir im Laufe des Buches noch ausführlicher zu sprechen kommen:

- leichterer Überblick über zusätzliche Einsparmöglichkeiten bei finanziellen Engpässen,
- Gefahrenerkennung und -vermeidung, wenn Einnahmen und Ausgaben in der Fälligkeit bzw. der Kündigungsmöglichkeit stark voneinander abweichen.

Der Eintrag bereits im Haushaltsplan erleichtert Ihnen hier später den Überblick und sensibilisiert Sie für drohende Risiken.

Kontrollen in der Haushaltsplanung

Eine gute Haushaltsplanung muss denjenigen, der sie erstellt, vor Denk- und Rechenfehlern schützen und es ihm ermöglichen, Irrtümer in seinem Einnahmen- und Ausgabenverhalten zu erkennen.

Kontrollsummen helfen, Denk- und Planungsfehler zu erkennen

Unser Haushaltsplan hat eine ganz einfach zu beachtende Grundregel: Die Einnahmen- und Ausgabenseite addieren sich immer zu Null. Dies erreichen wir dadurch, dass wir das Sparen und die Schuldenaufnahme (mehr dazu in den jeweiligen Kapiteln) als Ausgleichsposten in unsere Planrechnung bereits mit aufnehmen. Eine Kontrollsumme ungleich Null heißt immer nur eines: Fehler in der Planung (Ausnahme: die oben bereits angesprochenen Rundungsdifferenzen).

Crashkurs Excel

Die manuelle Erstellung bzw. Berechnung der Summen der Haushaltsplanung ist nur mit geringem Aufwand verbunden. Als zusätzliche Arbeitserleichterung können Sie die Software

Am Beispiel Excel

	A	B	C	D
1	**Bereich**	**Januar**	**Februar**	**März**
2	Unsichere Einnahmen			
3	Schichtzulage	150,00 €	150,00 €	150,00 €
4	Überstunden	250,00 €	250,00 €	250,00 €
5	Zinsen	100,00 €	100,00 €	1.100,00 €
6	Summe unsichere Einnahmen	500,00 €	500,00 €	1.500,00 €

Haushaltsplanung am PC entlastet bei Summenbildung und Änderungen

Excel verwenden. Der hier vorgestellte Haushaltsplan arbeitet nur mit den Grundrechenarten und ist auch für einen Neueinsteiger in Excel (inzwischen auf fast jedem PC installiert) in wenigen Minuten erlernbar. Wesentlicher Vorteil bei einer Arbeit am PC ist die automatische Berechnung der Summen. Änderungen kommen dadurch ohne Radieren und Durchstreichen aus!

Um Ihnen die Angst vor Excel zu nehmen eine ganz kurze, aber für unsere Zwecke ausreichende Einführung: Wenn Sie Excel öffnen, sehen Sie ein leeres Blatt mit vielen Kästchen und die Beschriftungen A, B, C ... sowie an der linken Seite die Ziffern 1, 2, 3 ... Jedes Kästchen ist also entsprechend mit A1, B2 ... genau identifizierbar.

Wenn Sie alle Daten für Ihren Haushaltsplan erfasst haben, kommen wir zu den Summen. Im Zielfeld (hier: B6), wo die Summe erscheinen soll, geben Sie dann ein: =B3+B4+B5 und drücken Datenfreigabe. Das Ergebnis erscheint und verändert sich jedes Mal dann, wenn Sie eines der addierten Felder ändern.

Diese Berechnung geht natürlich auch mit den anderen Grundrechenarten Subtrahieren, Multiplizieren, Dividieren ebenso einfach. Die Formatierung (hier: Euro und zwei Kommastellen) können Sie in Excel über den Menüpunkt Format ändern.

Haben Sie nach dem ersten Ausprobieren Lust auf eine weitere Arbeitserleichterung bekommen? Heften Sie Ihre Belege z.B. für Lebensmittel nicht nur in einen Ordner, sondern tragen Sie diese in einem separaten elektronischen Blatt in Excel ein. Das Ergebnis können Sie sich dann einfach in Ihren Haushaltsplan mit dem Befehl = holen. In Ihr Zielfeld B9 holen Sie sich also das Ergebnis von A20 mit =A20. Das geht auch bei unterschiedlichen Blättern, indem Sie die Zielkoordinate nicht manuell eingeben, sondern nach dem = das Zielfeld anklicken. Probieren Sie es Schritt für Schritt aus. Mit ein klein wenig Übung werden Sie nicht mehr darauf verzichten wollen!

Monatlicher Soll-Ist-Vergleich

Eine Planung ist bedeutungslos und dient nur der Selbstverwirklichung, wenn man sich an dieser Planung nicht misst und messen lässt. Selbst viele Unternehmen haben zwar eine ambitionierte Planung, aber ohne Kontrolle werden sie schnell durch Probleme bis hin zu Zahlungsschwierigkeiten und Zahlungsunfähigkeit überrascht. Dies gilt selbstverständlich auch für Privathaushalte.

Ohne gewissenhafte Kontrolle ist jede Planung sinnlos

Spätestens nach dem Monatsletzten sind daher in unserem auf ► Seite 10 f. abgebildeten Schema die aktuellen Ist-Zahlen zu erfassen. Abweichungen müssen anschließend geklärt werden. Insbesondere in den ersten Monaten unseres strukturierten Haushaltens werden wir dann eventuell die Planzahlen der Folgemonate anpassen oder unser Ausgabenverhalten überdenken müssen.

Kurzfristiger planen

TIPP

Wenn Sie Schwierigkeiten bei einzelnen Ausgabenpositionen (z.B. Lebensmittel, Ausgehen) haben, sollten Sie für diese Bereiche am Anfang wochenweise planen und kontrollieren. Sie können dann frühzeitiger gegensteuern und durch Ausgabenkürzungen in der zweiten bis vierten Woche des Monats sicherstellen, dass Sie den ganzen Monat mit Ihrem Geld auskommen.

Die Einnahmen

Einen Haushaltsplan erstellen

Sichere und unsichere Einkünfte

Vermögen verbrauchen, Schulden machen

Den Haushaltsplan erstellen

Die Erstellung eines Haushaltsplans ist in der Theorie und den ersten praktischen Schritten recht einfach. Basis dafür sind Ihre persönlichen Einnahmen und Ausgaben, die in den nachfolgend beschriebenen Rubriken erfasst werden. Auf die Besonderheiten der einzelnen Einnahmen und Ausgaben und die späteren Verfeinerungen gehen wir auf den nachfolgenden Seiten ein.

Beim Überblick über bisherige Ausgaben helfen Kontoauszüge und Belege

Zuerst einmal geht es jedoch darum, welche Einnahmen und Ausgaben Sie persönlich haben. Und hier beginnen auch die ersten praktischen Schwierigkeiten, da niemand auf Anhieb genau sagen kann, für welche Bereiche er jeden Monat oder jedes Jahr wie viel Geld ausgibt. Die beste und sicherste Methode hierfür sind im ersten Schritt Kontoauszüge und Belege. Je größer der Zeitraum dabei ist, desto sicherer sind wir anschließend, dass keine Ihrer Ausgaben übersehen wurde und später als ungeplanter Aufwand wieder auftaucht.

Übersicht schaffen

Ein sinnvoller Haushaltsplan umfasst nach unserer Erfahrung ein Jahr, unterteilt in Monate. Wir gehen in folgenden Schritten vor:

- Sichtung der Kontoauszüge des aktuellen Jahres und der vorangegangenen Monate, um einen Auswertungszeitraum von mindestens zwölf Monaten zu erhalten. Sofern dies nicht möglich ist, auch kein großes Problem: Der große Zeitraum dient hier der Erkennung von Zahlungen, die einmal im Quartal bzw. Halbjahr oder Jahr anfallen wie z.B. Versicherungsbeiträge, Weihnachts- oder Urlaubsgeld, Nebenkostenabrechnung für die Wohnung, etc. Diese können Sie eventuell auch ohne Kontoauszüge durch vorliegende Rechnungen und aus Ihrer Erinnerung eintragen.
- Eintragung aller Überweisungen und Abbuchungen in den Haushaltsplan, wobei sorgfältig auf die Zuordnung zum richtigen Monat und der richtigen Rubrik geachtet werden

muss. Nur so lassen sich spätere Änderungen so weit wie möglich vermeiden.
- Durchsicht aller weiter vorhandenen Belege und ebenfalls Zuordnung zu Monaten und Rubriken, um den Haushaltsplan weiter zu vervollständigen.
- Bei einigen der Rubriken wie Nahrungsmittel, Essen gehen, etc. werden wir mit dieser Vorgehensweise keine abschließenden Ergebnisse erzielen. Hier genügt uns im ersten Schritt eine Schätzung. In den Folgemonaten – die wir mit dem Haushaltsplan leben – tragen wir hier gewissenhaft unsere Ausgaben ein. Dadurch bekommen wir nach und nach ein vollständiges Bild unseres finanziellen Verhaltens und können auch erkennen, wo sich finanzielle Spielräume durch Verhaltensänderungen ergeben.
- Wichtige Kontrollregel ist bei unserem Haushaltsplan, wie bereits erwähnt, immer: Die Einnahmen- und Ausgabenseite addieren sich stets zu Null! Kommt es in einem Monat zu höheren Einnahmen als Ausgaben, so wird der Betrag in der Rubrik Sparen eingetragen – dies ist unser Ziel! Höhere Ausgaben als Einnahmen führen zu einem Eintrag in der Rubrik Schulden oder Vermögensverzehr. Dies gilt es zu vermeiden.

Manche Ausgabenbereiche lassen sich zuerst nur schätzen

Sammeln Sie in Ihrem neuen Leben mit dem Haushaltsplan gewissenhaft alle Belege. Fertigen Sie insbesondere in der Anfangszeit für kleine Ausgaben ohne Beleg (z.B. Eis, Erfrischung, etc.) kurze Eigenbelege als Nachweise für Ihre Eintragungen im Haushaltsbuch an, um Ihr Ausgabeverhalten bei den Kleinig-

Täglich ablegen

TIPP

Sammeln Sie Ihre Belege nicht nur, sondern legen Sie diese auch jeden Abend in einem Ordner ab – unterteilt in Monate und die Ausgaberubriken Ihres Haushaltsplans. Das kostet Sie jeden Tag ein bis zwei Minuten. Am Monatsende aber haben Sie alles säuberlich geordnet und bei der Errechnung Ihrer Ist-Zahlen sparen Sie mindestens eine halbe Stunde ein. Wichtiger noch: Sie haben keine Angst vor dem riesigen Zettelberg, der Ihnen sonst jede Lust am Haushalten nehmen kann.

keiten – diese können sich im Monat nämlich zu netten Summen addieren – im Nachhinein kritisch prüfen zu können.

Sichere Einkünfte

Beginnen wir unseren Haushaltsplan mit dem schönsten, leider aber auch meist kurzem Teil: den Einnahmen. Bei einigen Haushalten sind wir nach dem Eintrag der monatlichen Gehaltszahlung leider schon fertig. Bei anderen Haushalten sind weitere Positionen zu berücksichtigen.

Sichere Einkünfte beruhen auf langfristigen Verträgen

Als gesicherte Einnahmen können alle Einkünfte gelten, die auf langfristigen Verträgen beruhen. In der Regel haben wir es hier vor allem mit Einkommen aus unselbständiger Tätigkeit oder aus Renten und Pensionen zu tun.

Arbeitseinkommen

Das klassische Beispiel für ein sicheres Einkommen ist ein unbefristeter Arbeitsvertrag. Die Gehaltshöhe ist vertraglich festgeschrieben. Es gibt jedoch erhebliche Unterschiede zwischen dem vereinbarten Bruttogehalt und dem ausgezahlten Nettogehalt! Diese liegen in den Steuern und den Sozialabgaben begründet. Wie viel an Abgaben fällig wird, ist leider nicht beeinflussbar.

Die Steuern können Sie häufig unter Nutzung der gesetzlichen Möglichkeiten beeinflussen. An dieser Stelle kann darauf jedoch nur kurz eingegangen werden, da hier Ihre genauen persönlichen Umstände maßgeblich sind. Ein Steuerberater oder auch die Arbeiterkammern können Ihnen fachkundigen Rat geben.

Freibetragsbescheide

Bei der Berechnung der jährlichen Einkommensteuer erstellt das Finanzamt für einige Sonderausgaben auch einen sogenannten Freibetragsbescheid. Diesen können Sie bei Ihrem Arbeitgeber einreichen, sodass er ihn bei der Berechnung der monatlichen Lohnsteuer berücksichtigen kann. Durch diese geringeren Lohnsteuerabzüge steigt das an Sie ausgezahlte Nettogehalt entsprechend.

Beim Arbeitseinkommen können Sie in der Regel jährlich mit Gehaltssteigerungen rechnen. Unklar bleiben jedoch immer die Höhe, der Zeitpunkt und Sonderregelungen wie Einmalzahlungen. Diese Steigerungen sind unsicher und gehören damit nicht in diese Rubrik des Haushaltsplans.

Einzelpositionen eintragen

TIPP

Wenn Sie über zwei Einkommen im Haushalt verfügen und sich Kinder wünschen, ist es empfehlenswert, die beiden Einkommen hier separat aufzuführen. Sollte sich nämlich Ihr Kinderwunsch erfüllen, fällt oft genug ein Einkommen weg und Sie haben eine neue finanzielle Situation. Diese dürfen Sie beim Eingehen von langfristigen Verbindlichkeiten (Hypothek, etc.) nicht übersehen.

Pensionen

Pensionen gehören wie Arbeitseinkommen zu den sicheren Einnahmen

Allen berechtigten Zweifeln an der langfristigen Finanzierbarkeit unseres heutigen Pensionssystems zum Trotz – die heutigen Renten sind sicher! Mit diesen Einnahmen können Sie also rechnen, auch wenn es aufgrund höherer Beiträge zur Krankenversicherung eventuell zu gewissen Anpassungen bei der Nettopension kommt. Dieses Problem aber haben Arbeitnehmer auch.

Zwar gab es in den letzten Jahren regelmäßig Pensionserhöhungen, bezogen auf deren Höhe und Zeitpunkt sind für die Zukunft jedoch Zweifel angezeigt. Sie sind damit unsicher und gehören nicht in diese Rubrik des Haushaltsplans.

Geringfügige Beschäftigung

Seit einigen Jahren gibt es zur Förderung des Arbeitsmarktes die sogenannte geringfügige Beschäftigung, die keine Belastung mit Steuern und Sozialabgaben aufweist. Diese Regelungen gelten auch für einen Zweitjob.

Eigene Freizeit verkaufen

TIPP

Sie können Ihre Einnahmen aufbessern, wenn Sie einen Teil Ihrer Freizeit in einen Zweitjob investieren. Vergessen Sie dabei aber nicht, dass Sie ausreichende Erholungsphasen benötigen.

Alimente

Bei Alleinerziehenden und Patchworkfamilien mit Kindern kommen als weitere Einnahmequelle die Alimente vom früheren Ehepartner hinzu. Gerade bei Alimenten geht es dabei jedoch sehr oft in den emotionalen Bereich: Wie kann (zumeist) der Vater zu einer gesetzeskonformen Beteiligung an den Kosten für seine Kinder bewegt werden, ohne das Verhältnis zwischen ihm und den Kindern zu belasten?

Wie kann die Mutter ihre eigenen Ansprüche durchsetzen, ohne innerlich erneut in die emotional belastete Vergangenheit zu verfallen?

Hilfestellung bei der richtigen Berechnung der Alimente bietet z.B. das Jugendamt.

Qualifizierte Beratung

TIPP

Lassen Sie sich bei einer Scheidung nicht ohne qualifizierte Beratung auf eine einvernehmliche Lösung mit Ihrem bisherigen Partner ein. Treffen Sie vielmehr eine bewusste Entscheidung in voller Kenntnis Ihrer gesetzlichen Ansprüche. Die Alimente für die Kinder steigen mit zunehmendem Lebensalter, derzeit von 16 Prozent des Nettogehalts (Kind unter 6 Jahren) auf bis zu 22 Prozent (Kind über 14 Jahren). Bei mehreren Anspruchsberechtigten gelten jedoch zusätzliche Regelungen. Unter bestimmten Umständen wie z.B. nicht bekanntem Aufenthaltsort des Unterhaltspflichtigen kann ein staatlicher Unterhaltsvorschuss beantragt werden. Näheres hierzu kann Ihnen das Jugendamt mitteilen.

Zuschüsse von staatlichen Stellen

Insbesondere Haushalte mit geringem Einkommen erhalten auf Antrag Finanzhilfen, um ihnen ein halbwegs normales Leben zu ermöglichen. Dies können z.B. sein:

- Familienbeihilfe
- Arbeitslosengeld
- Notstandshilfe
- Mietzinsbeihilfe

Staatliche Beihilfen zählen ebenfalls zum Familieneinkommen

Da Sie in den Haushaltsplan nicht nur die Ausgaben für sich selbst, sondern auch für Ihre Kinder eintragen, gehört die staatliche Familienbeihilfe natürlich auch zu Ihren festen (aber befristeten) Einnahmen.

Die Höhe und Bezugsdauer des Arbeitslosengeldes hat sich in den letzten Jahren mehrfach geändert. Es wird nur über einen relativ kurzen Zeitraum gewährt. Eine Hilfestellung bei der Berechnung des individuellen Anspruchs finden Sie unter http://ams.brz.gv.at/ams/alrech/.

Auch bei der Notstandshilfe handelt es sich zuerst einmal um sichere Einnahmen, auch wenn die Bewilligung nur für jeweils ein Jahr ausgesprochen wird. Danach ist ein erneuter Antrag erforderlich.

Es würde den Rahmen dieses Buches sprengen, auf jede dieser Hilfen und die jeweiligen Voraussetzungen (die sich oft ändern) ausführlich einzugehen. Lassen Sie uns jedoch eine Anmerkung zu ihrer Berücksichtigung im Haushaltsplan machen.

Unbefristete Hilfen des Staates mit feststehender Anspruchsgrundlage sind zuerst einmal unkritisch. Erfüllen Sie z.B. die Anspruchsgrundlagen für eine Mietzinsbeihilfe (maximale Einkommenshöhe) nicht mehr, so steht diesem Verlust an Einkommen ein zumindest gleich hoher Zuwachs an Arbeitseinkommen gegenüber. Sie dürfen nur nicht den Fehler machen, den bei höherem Arbeitseinkommen entfallenden staatlichen Zuschuss bei Ihrer Planung weiter einzubeziehen.

Fristgerechte Finanzierung

TIPP

Langfristige Ausgaben sollten von Ihnen immer über die gesamte Laufzeit mit sicheren Einnahmen kalkuliert werden. Nur dadurch können Sie frühzeitig Fehler in Ihrer Finanzplanung und damit spätere Finanzlücken erkennen.

Unsichere Einkünfte

Unsichere Einkünfte sind ein Risiko für die Haushaltsplanung

Wir machen keinen Haushaltsplan von Monat zu Monat, sondern zumindest einen Plan für das aktuelle Jahr. Das ist deshalb erforderlich, weil sich auch unsere Ausgaben nicht nur auf den einen Monat beziehen, sondern häufig aufgrund von langfristigen Verträgen und Verpflichtungen entstehen. Auf der Einnahmenseite müssen wir daher auch prüfen, welche Erträge regelmäßig und in fest stehender Höhe für uns planbar sind. Alle anderen Einkünfte sind zuerst einmal unsichere Einnahmen, die möglicherweise ein Risiko für unseren Haushaltsplan darstellen.

Vergütungen für Überstunden, Sonn- und Feiertagsarbeit

Zuschläge für Schichtarbeit, Überstunden oder Sonn- und Feiertagsarbeit sind typische Beispiele für unsichere Einnahmen. Das wird bereits dadurch sichtbar, dass eine Bank diese Beträge prinzipiell aus dem monatlich verfügbaren Einkommen herausrechnet. Und zwar aus gutem Grund:

- Der betriebliche Grund für Überstunden kann jederzeit entfallen, sei es durch eine schlechtere Auftragslage oder die Neueinstellung eines zusätzlichen Mitarbeiters. Auch kann der Arbeitgeber jederzeit beschließen, dass Überstunden nicht mehr ausbezahlt werden, sondern durch Freizeitausgleich zu verringern sind.
- Sonn- und Feiertagszuschläge fallen nur bei Arbeiten an diesen Tagen an. Das ist bei den meisten Betrieben nur

im Fall von Auftragsspitzen gegeben. Aber auch bei der betrieblichen Notwendigkeit (z.B. in der Chemischen Industrie, um die Anlagen aus Qualitätsgründen laufen zu lassen) kann die Gunst oder Last von Sonn- oder Feiertagsarbeit auch auf andere Mitarbeiter verteilt werden. Hierdurch schwankt dann natürlich das eigene Einkommen.

- Selbst im Fall der Schichtarbeit können diese Zuschläge jederzeit durch Änderungen bei der Mitarbeitereinsatzplanung (z.B. Änderung des Arbeitsplatzes) kurzfristig als Einnahmen ausfallen.
- Während Krankheits- und Urlaubszeiten stehen diese Zuschläge ebenfalls nicht als Einkommen zur Verfügung.

Zulagen sind ein attraktives Zubrot, können aber jederzeit entfallen

Da diese Zuschläge immer mit dem regulären Gehalt ausgezahlt werden, d.h. die Abzüge wie Steuern und Sozialabgaben immer auf den Gesamtbetrag gerechnet werden, ist es nicht ganz einfach, das Gehalt (= sichere Einnahme) und die Zuschläge (= unsichere Einnahme) zu trennen.

Personalverrechnung fragen

TIPP

Fragen Sie in der Personalverrechnung Ihres Arbeitgebers nach Ihrem Nettogehalt, das ohne Zuschläge gezahlt wird. Die Mitarbeiter dort können Ihnen das ohne großen Aufwand ausrechnen.

Weihnachts- und Urlaubsgeld

Das Weihnachts- und Urlaubsgeld ist bei den meisten Arbeitnehmern gesetzlich oder über den Tarifvertrag geregelt. In diesem Fall wird es im Haushaltsplan als Sonderzahlung im Bereich Gehalt eingetragen. Bei kleinen Betrieben kann jedoch im Arbeitsvertrag auch geregelt sein, ob und unter welchen Umständen diese Sonderzahlungen erfolgen. Haben Sie als Arbeitnehmer keinen festen Anspruch auf diese Zahlungen, so sollten Sie das Weihnachts- und Urlaubsgeld unter den unsicheren Einnahmen eintragen.

Erträge aus Beteiligungen

Durch das Glück einer Erbschaft, ein langes Arbeitsleben oder ein hohes Einkommen konnten Sie sich Geld zurücklegen und haben dieses in Aktien, Immobilien oder Anteilen an Gesellschaften (auch in Form von Fonds) angelegt. In den letzten Jahren liefen die Geschäfte dieser Beteiligungsgesellschaften gut und Sie konnten sich jedes Jahr über gute und steigende Ausschüttungen freuen. Neben Ihrem monatlichen Nettoeinkommen von 1500 Euro hatten Sie so im letzten Jahr z.B. im Monat durchschnittlich 150 Euro zusätzlich an Einnahmen. Da Sie die Zukunft positiv sehen, gehen Sie zumindest von gleich bleibenden, vielleicht sogar von steigenden Erträgen aus diesen Beteiligungen aus. Sie passen Ihren Lebensstandard Ihren erhöhten Einnahmen an und planen feste zusätzliche Ausgaben (Darlehen für ein Haus, Kreditrückzahlung für ein teures Auto, etc.) ein.

Erträge aus Beteiligungen sind unsichere Einnahmen

Doch dann läuft alles schief: Österreich rutscht in eine Wirtschaftskrise, die Dividende bei den Aktien wird gekürzt, die Beteiligungen machen Verlust und streichen die Ausschüttung. Den gestiegenen Ausgaben in Ihrem Haushaltsplan stehen plötzlich nicht mehr genügend Einnahmen gegenüber. Sie müssen den Ausgabenüberhang durch den Rückgriff auf Ihre Rücklagen (Rubrik: Vermögensverzehr) ausgleichen. Aber natürlich sind auch die Aktienkurse stark gesunken (klar, da die Dividendensenkung ja durch schlechte Geschäftszahlen begründet war), andere Beteiligungen sind nicht oder nur mit erheblichen Preisabschlägen verkäuflich.

Keine langfristigen Ausgaben mit unsicheren Einnahmen

Unsichere Einnahmen können und dürfen Sie niemals fix im Haushaltsplan berücksichtigen, insbesondere nicht zur Finanzierung von langfristigen Ausgaben! Bei Erträgen aus Beteiligungen erhalten Sie meist erst ein bis zwei Monate vor dem geplanten Ausschüttungstermin eine Information, ob und in welcher Höhe mit einer Zahlung zu rechnen ist. Sie wissen jedoch, was im letzten Jahr gezahlt wurde. Sichern Sie sich gegen Risiken ab, indem Sie wie folgt verfahren:

- Planen Sie Ihre festen und langfristigen Ausgaben immer ohne unsichere Einnahmen. Für langfristige Ausgaben ist es aus Vorsichtsgründen empfehlenswert, veräußerbare Beteiligungen zu verkaufen und mit dem höheren Eigenkapitaleinsatz Zinskosten und Gebühren (z.B. Bearbeitungsgebühr für einen Kredit, Maklerprovision bei einem Wohnungskauf, gesetzliche Vertragsgebühr) zu sparen.
- Ordnen Sie diese Einnahmen auf der Ausgabenseite den Bereichen Reserve oder Sparen zu. Nicht verbrauchte Beträge Ihrer Reserve werden zuerst einmal zusätzlich gespart und dienen dann bei größeren Anschaffungen als (höherer) Eigenkapitalanteil. Dies senkt die Kreditzinsen und die Laufzeit der Verträge.
- Es erhöht die eigene Selbstkontrolle, wenn Sie beim Haushaltsplan im Vorhinein keine Beteiligungserträge eintragen, dann können Sie das Geld in Ihrer Planrechnung auch nicht ausgeben. Erst bei den Ist-Werten nach dem Monatsende werden die erzielten Einnahmen eingetragen und zusätzlich in der Rubrik Sparen vermerkt.
- Bedenken Sie immer, dass Sie auf die Erträge aus Beteiligungen zum Teil noch Steuern bezahlen müssen (z.B. bei Mieterträgen). Nur bei Zinsen und Dividenden erfolgt direkt bei der Auszahlung der Abzug der Kapitalertragsteuer von 25 Prozent. Da diese einen Abgeltungscharakter hat, sind die Erträge hiermit endbesteuert.

Nur Zinsen und Dividenden sind endbesteuert

Gefahrenhinweis. Wenn Sie in den letzten Jahren Ausschüttungen von Beteiligungen in Form einer GmbH & Co. KG (z.B. aus Deutschland) erhalten haben, Sie als Gesellschafter im Handelsregister eingetragen sind und diese Beteiligungsgesellschaft in wirtschaftliche Schwierigkeiten kommt (erstes Anzeichen: Ausbleiben der Ausschüttung), sollten Sie intensiv die letzten Informationen der Gesellschaft wie Rundschreiben oder Jahresbericht prüfen und mit der Gesellschaft Rücksprache nehmen. Ausschüttungen werden bei vielen Gesellschaften nicht aus dem Gewinn, sondern aus der Liquidität vorgenommen, d.h. sie erfolgen unter Umständen aus der Substanz (Ihrer Einlage). Das deutsche Recht sieht vor, dass diese Ausschüttungen aus dem sogenannten „negativen Kapitalkonto“ (durch Ausschüttungen, die höher als die Gewinne sind, kommt es zu einer teilweisen Rückzahlung der Einlage) wieder zurückgefordert werden können. Dies würde dann natürlich Ihre Haushaltsrechnung stark gefährden – Sie sollten frühzeitig Vorsorgemaßnahmen wie Kürzungen auf Ihrer Ausgabenseite prüfen und vorbereiten.

Zinserträge

Einige Haushalte sind in der glücklichen Lage, über feste Rücklagen auf Sparbüchern, Festgeldkonten oder in anderer Form zu verfügen. Häufig genug werden diese regelmäßigen Erträge fest in die Einnahmen des Haushaltsplans eingeplant. Das ist aus folgenden Gründen äußerst problematisch:

Zinserträge verringern sich auch durch Vermögensverzehr

- Kommt es aufgrund unvorhergesehener Ereignisse zu einem Überhang der Ausgaben gegenüber den Einnahmen, so muss zum Ausgleich auf die Ersparnisse zurückgegriffen werden. Dadurch sinkt der zu verzinsende Betrag und damit auch der zukünftige Zinsertrag. Aus dem einmaligen Problem einer unvorhergesehenen Ausgabe kann so leicht ein dauerhaftes Problem werden, da durch jede Überschreitung des Budgets auch die Einnahmenseite kleiner wird.
- Auch bei fallenden Zinssätzen entsteht dieses Problem, insbesondere bei kurzfristig angelegten Geldern. Bereits ein Zinsrückgang von zwei auf ein Prozent bei Sparbüchern führt zu einer Halbierung der Zinserträge!

Zu Recht wird in klugen Ratgebern immer wieder betont, dass das Deponieren größerer Beträge auf einem Sparbuch aufgrund der geringen Zinssätze keinen Sinn macht. Zeitungen und Zeitschriften veröffentlichen wöchentliche Hitlisten, welche Banken die höchsten Zinssätze bieten. Warum also nicht fünf statt drei Prozent Zinsen für eine Einlage ab 5000 Euro kassieren?

Prinzipiell ist diese Überlegung völlig richtig – aber Vorsicht! Unüblich hohe Zinsen erhalten Sie bei Banken nur aus zwei Gründen: als kurzfristige Werbemaßnahme oder bei erhöhtem Risiko! So tauchte z.B. die Dresdner BFI Bank AG jahrelang in den Hitlisten für hohe Guthabenzinsen auf. Im Mai 2003 meldete sie Insolvenz an. Die Anleger mussten ihr Geld zum Glück nicht vollständig abschreiben: durch eine gesetzlich vorgeschriebene Sicherungseinrichtung erhielten sie 90 Prozent des Vermögens – jedoch maximal 20.000 Euro – erstattet. Der Zinsvorteil von einem Prozent wurde hier teuer erkauft! Andere Banken sind im Einlagensicherungsfonds deutscher Banken zusammengeschlossen (Großbanken und ein Großteil der Privatbanken). Hier hätten die Anleger ihr gesamtes Kapital zurück erhalten.

Hohe Zinsen können ein Zeichen für hohes Risiko sein

Achten Sie aber auch darauf, welches Bankprodukt Sie wählen. Inhaberschuldverschreibungen der Bank (also Anleihen der Bank) und Genussrechtsscheine (diese sind für die Bank rein rechtlich ein Eigenkapitalersatz, als Anleger erhalten Sie bei Insolvenz erst hinter allen anderen Gläubigern Ihr Geld zurück) sind im Sicherungsumfang nicht eingeschlossen.

Konditionsvergleich und Sicherungseinrichtungen

Fragen Sie bei mindestens drei Banken nach den aktuellen Zinssätzen, wobei Sie die Laufzeit und den Betrag als Vorgabe geben. Fragen Sie ebenfalls nach der Absicherung bei einem möglichen und natürlich nicht erwartetem Konkurs der Bank. Ein Hinweis auf eine Sicherungseinrichtung sollte Ihnen hier als Antwort aber nicht reichen – fragen Sie nach dem genauen Umfang und den Konditionen! Im Zuge der Finanzmarktkrise 2008 haben Österreich und Deutschland eine unbeschränkte Sicherheit für Einlagen und Guthaben von Privatpersonen eingeführt, die ab 2010 wieder auf 100.000 Euro pro Sparer und Institut sinken soll. Dies ist jeweils die gesetzliche Sicherheit. Die einzelnen Bankverbände können darüber hinaus gehen, was ebenfalls ab 2010 wieder relevant wird. Österreichische Zweigstellen deutscher Banken (z.B. Ing-DiBa) fallen übrigens unter die Regelungen der deutschen Sicherungseinrichtungen.

Hohe Rendite – hohes Risiko

TIPP

Die gebotenen Sparbuchzinsen sind Ihnen zu gering? Beachten Sie immer, dass es höhere Zinsen nur mit höherem Risiko gibt! Hinterfragen Sie daher jedes von Ihrer Bank vorgestellte Produkt auf das darin enthaltene Risiko. Uns ist ein Fall bekannt, bei dem die Bank einem Pensionisten zwecks Renditeverbesserung ein Devisentermingeschäft angeboten – besser: eingeredet – hat. Das vom Kunden nicht verstandene Risiko war eine unbeschränkte Nachschusspflicht auch über die Einlage hinaus! Für einen höheren Ertrag als beim Sparbuch hat der Bankkunde nicht nur sein Kapital aufs Spiel gesetzt, sondern ist darüber hinaus das Risiko von Nachzahlungen eingegangen. Ergebnis: Ein Schaden von 38.000 Euro in einem Jahr!

Steuererstattungen

Zwangssparen schafft finanziellen Polster für schwierige Zeiten

Zwangssparen: Kennen Sie diesen Begriff? Unter der Voraussetzung, dass Sie

- in Ihrem Haushaltsplan ein zumindest ausgeglichenes Verhältnis zwischen Einnahmen und Ausgaben haben und
- dazu neigen, ein Kontoguthaben auch einmal kurzfristig für die Erfüllung von spontanen Wünschen zu nutzen,

halten wir diese Überlegung für sehr sinnvoll. Wie aber funktioniert das Zwangssparen?

Bei Ihrer Gehaltszahlung wird vom Arbeitgeber direkt die Lohnsteuer einbehalten. Sie können jedoch einige steuerliche Vorteile nutzen. Beim Zwangssparen verzichten Sie bewusst auf die Berücksichtigung Ihrer steuerlichen Vorteile bei der Gehaltsabrechnung (Freibetragsbescheid), d.h. Sie haben zuerst einmal höhere Steuern zu bezahlen, die Sie dann über Ihre Einkommensteuererklärung zurück erhalten. Planen Sie die Steuererstattungen nicht im Vorhinein ein – weder bei Nutzung des Zwangssparens noch bei weiteren Werbungskosten (z.B. Kosten für Fachliteratur, selbst bezahlte Fortbildung). Erst nach erfolgter Zahlung durch das Finanzamt werden diese in Ihre Ist-Rechnung eingetragen. Bei Steuerfragen wenden Sie sich am besten an einen Steuerberater.

Einkünfte aus selbstständiger Tätigkeit

Einkünfte aus selbstständiger Tätigkeit sind prinzipiell erst einmal unsicher, da Sie ja nicht abschätzen können, wie hoch Ihr Umsatz im nächsten Monat sein wird. Bilden Sie daher in Ihrem Haushaltsplan einen separaten Einnahmeblock dafür - und später auf der Ausgabenseite ebenfalls. Dadurch ist es dann möglich, diese Einnahmen und Ausgaben aus selbstständiger Tätigkeit zusätzlich separat zu summieren und damit einen ersten Überblick über Ihren Erfolg aus diesen Einkünften zu ermitteln.

Beachten Sie bitte, dass Ihre selbstständigen Einnahmen immer brutto, d.h. vor Abzug von Einkommensteuer und Sozialabgaben, sind. Hier müssen Sie Reserven für die vierteljährlichen Vorauszahlungen und bei steigendem Einkommen auch für Nachzahlungen bilden. Oft ist es hilfreich für die eigene Haushaltsführung, diese Reserven auf einem separaten Konto zu führen.

Sind Sie selbstständig, bilden Sie Reserven auf einem separaten Konto

Ausgleichsposten Einnahmenseite

Vermögensverzehr und Schulden machen auf der Einnahmenseite irritiert Sie? Bitte denken Sie bei Einnahmen auch an das Wort Geldherkunft und bei Ausgaben an das Wort Geldverwendung. Aufgrund eines Ausgabenüberhangs - Einnahmen sind höher als Ausgaben + Jahresumlage - müssen wir also einen Teil unserer Ausgaben über die Geldherkunft Vermögensverzehr bzw. Schulden machen finanzieren.

Vermögensverzehr

In der Haushaltsplanung bleibt dieser Bereich immer leer. Wir planen nicht ein Leben über den eigenen Verhältnissen! Haben Sie nach dem Ablauf eines Monats alle Einnahmen und Ausgaben in der jeweiligen Monatsspalte eingetragen, so ergibt sich durch die Addition der Einnahmen (+ Vorzeichen) und Ausgaben (- Vorzeichen) eine Differenz. Eine negative Differenz besagt also, dass Sie mehr ausgegeben als eingenommen haben. Diesen Betrag setzen Sie jetzt in die Rubrik Vermögensverzehr, wenn Sie die zusätzlichen Ausgaben durch Kontoabhebungen oder das Schlachten des Sparschweins bezahlt haben - ein wichtiges Warnsignal für Probleme beim Haushalten.

Schulden

Alarmsignale bei der Haushaltsplanung erfordern sofortiges Handeln

Beim vorherigen Punkt Vermögensverzehr konnten Sie die erhöhten Ausgaben durch einen Rückgriff auf Ihre Rücklagen (z.B. Sparbuch) ausgleichen. Ist dies jedoch nicht möglich, so haben Sie Ausgaben mit neuen Schulden finanziert. Dies ist ein sehr deutliches Alarmsignal, dass mit Ihrer Haushaltsführung etwas nicht stimmt.

Es ist daher unbedingt erforderlich, folgende Fragestellungen zu klären:

- Wie hoch ist der Ausgabenüberhang, d.h. die Schuldenaufnahme?
- Aufgrund welcher ungeplanten Ausgabenposition ist die Schuldensituation entstanden? Hohe Ausgaben durch z.B. einen Autounfall sind eher entschuldbar als ein sündteurer Restaurantbesuch.
- Wann muss das Geld spätestens zurückgezahlt werden? Es gilt aber das Motto: je früher, desto besser.
- Wie viel Zinsen und Tilgung kosten Sie die Schulden pro Monat? Dieser Betrag ist in den Haushaltsplan des nächsten oder der nächsten Monate zu übernehmen.
- Durch welche Umschichtungen in Ihrem Haushaltsplan können Sie das fehlende Geld in den nächsten Monaten erwirtschaften? Etwa Budget für Kinobesuche, Essen gehen; Einschränkung der Telefonkosten, etc.

Die Ausgaben

Welche Fixkosten anfallen

Bei welchen Ausgaben Sie sparen können

Wichtige und unwichtige Versicherungen

Fixkosten

Jeder – auch der kleinste – Haushalt hat eine Vielzahl von Ausgaben. Diese werden von jedem Menschen mit unterschiedlichen Prioritäten gesehen, auch verliert man aufgrund der Vielzahl der Positionen leicht den Überblick. Ziel dieses Buches soll es jetzt nicht sein, eine wahllose und möglichst vollständige Zusammenstellung aller möglichen Ausgabenarten zu geben und diese mit pauschalen Hinweisen auf Einsparmöglichkeiten zu würzen.

Nicht alle Ausgaben sind gleich wichtig

Ausgaben lassen sich weitgehend wertfrei in eine Rangfolge der Wichtigkeit bringen. Wesentlich ist hierbei die Fragestellung, welche Ausgaben sich nicht oder nur schwer beeinflussen lassen und zugleich erforderlich sind, um das Leben und die Einnahmen zu sichern. Kosten für Wohnung und Arbeitsweg dienen der Erzielung von Arbeitseinkommen – ihnen gebührt damit die höchste Priorität. Hingegen mögen Bereiche wie Kinobesuche oder Essen gehen eine hohe persönliche Priorität genießen. Da sie jedoch nachvollziehbar nicht dem Erzielen von Einkommen (was ja Grundlage ist, um diese Ausgaben tätigen zu können) dienen, sind sie in der nachfolgend beschriebenen Prioritätenliste weit hinten angesiedelt.

Diese Reihenfolge bei der Aufstellung der Kosten ist keine Spielerei! Sollten Sie einmal in die Situation kommen, kurzfristige Sparanstrengungen – auch durch Verzicht – unternehmen zu müssen (etwa wenn Ihnen Einnahmen aufgrund von Arbeitslosigkeit wegbrechen), so können Sie vereinfachend am unteren Ende der Liste beginnen. Reicht dies jedoch nicht aus, müssen Sie auch die Ausgaben mit höherer Priorität betrachten. Diese lassen sich jedoch meist nicht so kurzfristig beeinflussen. Eine kleine Wohnung z.B. spart natürlich erhebliche Kosten. Aufgrund von längeren Kündigungsfristen und der notwendigen Zeit für die Wohnungssuche werden signifikante Einsparungen aber erst nach zumindest einem halben Jahr spürbar werden. Wir haben jedoch versucht, auch in diesen Bereichen mögliche kurzfristige Einsparmöglichkeiten aufzuzeigen. Diese können Sie nicht nur bei neuen Vertragsabschlüssen, sondern auch bei zwischenzeitlichen Kündigungsfristen (z.B. bei Versicherungsverträgen) oder einem etwas geänderten Lebensverhalten vielleicht auch kurzfristig nutzen.

Miete und Nebenkosten

Die Wohnung und die damit verbundenen Kosten zählen bei Ihren Ausgaben immer zu den unverzichtbaren Kosten. Sie haben damit die höchste Priorität.

Nettomiete

Die Nettomiete ist in Ihrem Mietvertrag geregelt und für Sie klar kalkulierbar. In der Regel ist sie von der Betragshöhe fest, es gibt jedoch auch Mietverträge, bei denen der Mietzins jährlich ansteigt. Diese vereinbarten Steigerungen müssen natürlich im Haushaltsplan berücksichtigt werden.

Absehbare Kostensteigerungen bei Ausgaben müssen im Haushaltsplan berücksichtigt werden

Zu Mietsteigerungen kann es ansonsten vorrangig aus zwei Gründen kommen:

- Für die Instandhaltung kann der Vermieter die Kosten unter bestimmten Umständen auf die Miete aufschlagen (verteilt über mehrere Jahre).
- Der Vermieter kann die Miete je nach Vertragsart an den gesetzlichen Richtwert (Richtwertmieten) oder – im

Mieterhöhung prüfen lassen

TIPP

Wenn die Mieterhöhung nicht Ihre Zustimmung findet und die rechtliche Zulässigkeit fraglich scheint, sollten Sie sich beraten lassen. Die Adresse von verschiedenen Mieterorganisationen finden Sie im örtlichen Telefonbuch oder unter www.mieterbund.at. Daneben helfen auch der Verein für Konsumenteninformation (VKI) (www.konsument.at) oder die Arbeiterkammer (www.arbeiterkammer.at).
Wenn Ihre Miethöhe an die Inflationsrate gekoppelt ist, sollten Sie diese über die Tagespresse beobachten und absehbare Erhöhungen im Haushaltsplan frühzeitig berücksichtigen.

Rahmen von Kategoriemieten – um die Inflation anpassen. Die Regelungen hierzu sind in Österreich sehr vielfältig und damit kompliziert.

Heizung

Heizung – und damit auch Warmwasser – sind die am schwersten zu schätzenden Nebenkosten. Der Verwalter von Eigentumswohnungen oder der Vermieter geht in der Regel von den Kosten der letzten Nebenkostenabrechnung aus. Dies jedoch birgt natürlich auch erhebliche Gefahren: Eine starke Verteuerung der Energie durch Ereignisse wie etwa Golf- oder Irakkrieg oder die Erhöhung von Steuern auf Treibstoff und Öl innerhalb des Jahres führt bei der nächsten Nebenkostenabrechnung zum Teil zu erheblichen Nachzahlungen, mit denen Sie nicht gerechnet haben.

Prüfen Sie, von welchen Faktoren Ihre Kosten abhängen und beobachten Sie diese auch während des Jahres

Aus Ihrem Mietvertrag oder von Ihrem Verwalter bzw. Vermieter wissen Sie, mit welcher Energieart die Beheizung vorgenommen wird: Fernwärme, Öl, Gas. Wesentliche Preissteigerungen werden Sie innerhalb des Jahres in der Regel über Zeitung und Fernsehen erfahren. Hier können Sie dann entweder Ihr Heizverhalten anpassen oder in Ihrer Haushaltsrechnung je Monat 10 bis 30 Euro extra zurücklegen. Diese Beträge spüren Sie im Monat wahrscheinlich nicht wesentlich – zumindest nicht so stark wie eine Nachzahlung von 100 bis 400 Euro. Da für die Jahresabrechnung immer die Einkaufspreise des Verwalters bzw. Vermieters relevant sind, können Sie diesen nach sechs Monaten auch fragen, ob sein Einkauf billiger oder teurer als im Vorjahr war.

Wenn Sie mit Gas heizen, sollten Sie einen Wechsel Ihres Gaslieferanten prüfen. Lassen Sie sich mit Ihren bisherigen Jahresabrechnungen einen Kostenvergleich erstellen. Als Hausbesitzer mit einer Ölheizung sollten Sie den Liefertermin mit Ihren Nachbarn abstimmen und beim Lieferanten aufgrund der dann höheren Bestellmenge einen niedrigeren Preis vereinbaren. Dies ist bei nahe beieinander liegenden Lieferorten auch bei separater Rechnungsstellung möglich. Lassen Sie sich von mindestens drei Händlern vor Ort und aus nahen Nachbarstädten ein verbindliches Angebot machen und kaufen Sie antizyklisch – also nicht zu Beginn der Heizperiode, wenn jeder kauft. Im Hochsommer können Sie oft billiger einkaufen.

Heiz- und Lüftungsverhalten ändern

TIPP

Prüfen Sie Ihr Heizverhalten. Vom örtlichen Energieversorger erhalten Sie sicher immer wieder Hinweisblätter mit Tipps zum energiesparenden Verhalten. So können Sie z.B. Heizkosten sparen, indem Sie das Fenster im Bad oder Schlafzimmer nicht stundenlang kippen (vielleicht noch bei voll aufgedrehter Heizung), sondern das Fenster bei abgedrehtem Heizkörper für einige Minuten weit öffnen.

Heizkosten lassen sich oft mit einfachen Mitteln senken

Wenn Ihre Heizkörper gluckern, ist zuviel Luft in ihnen, was zu erhöhtem Energieverbrauch führt. Für das Entlüften benötigen Sie keinen Fachmann: Einfach das Entlüftungsventil öffnen (Schlüssel gibt es oft als Werbegeschenk oder im Fachhandel) und so lange Luft heraus lassen, bis Wasser gleichmäßig ausfließt.

Alte Heizkessel arbeiten nicht so effektiv wie neue, d.h., dass der Gas- bzw. Ölverbrauch höher ist als bei modernen Geräten. Hier ist zu überlegen, ob die Heizungsanlage nicht erneuert werden sollte – insbesondere, da dies zum Teil vom Staat gefördert wird.

Befindet sich der Heizkörper an einer kalten Wand (Zeichen für schlechte Isolierung), so lässt sich die Heizwirkung erhöhen, wenn Sie hinter dem Heizkörper eine Alufolie anbringen. Die Wärme wird dann in die Wohnung abgestrahlt und heizt diese schneller auf.

Verstellen Sie die Heizung nicht mit Tischen, Schränken oder Gardinen. Ansonsten staut sich dort die Wärme und die Wohnung bleibt kühl.

Weitere Tipps finden Sie unter www.energiesparcheck.at.

Strom

Die Kosten für den Stromverbrauch werden nicht mit den Nebenkosten der Wohnung abgerechnet, sondern üblicherweise alle ein bis zwei Monate in Form von Abschlagszahlungen vom Konto abgebucht. Einmal jährlich erhalten Sie dann die Endabrechnung, die hoffentlich keine zu große Nachzahlung enthält.

Sie können gegensteuern, wenn Sie nachfolgende Einsparmöglichkeiten prüfen:

- Vom örtlichen Stromversorger erhalten Sie oft Hinweisblätter mit Tipps für einen geringeren Stromverbrauch. Besuchen Sie auf jeden Fall auch die Homepage Ihres Stromanbieters im Netz. Infos zum Energiesparen und einen Tarifkalkulator finden Sie auf der unabhängigen Seite www.e-control.at.

Auch die Stromrechnung können Sie durch Ihr Verhalten beeinflussen

- Lassen Sie Elektrogeräte wie Fernseher, PC, Radio, etc. nicht im Stand-by-Betrieb laufen. Auch hier wird Strom verbraucht – schalten Sie die Geräte zumindest über Nacht immer aus. Gibt es keinen Aus-Schalter, ziehen Sie den Stecker.
- Achten Sie beim Kauf von neuen Geräten neben dem Leistungsumfang auch immer auf den Stromverbrauch. Sie beeinflussen damit Ihre laufenden Kosten bei langlebigen Geräten wie Wasch- und Geschirrspülmaschine oft über die nächsten zehn Jahre. Auch Lampen kommen auf einen erheblichen Energieverbrauch. Die Daten zum Verbrauch können Sie auf der Verpackung erkennen: Das EU-Label gibt Auskunft über die jeweilige Effizienzklasse. Bei einer Lampe zur Beleuchtung im Haushalt z.B. reicht die Einteilung von Energieeffizienzklasse A (sehr effizient) bis G (nicht effizient). Leuchtstoff- bzw. Energiesparlampen finden sich in den Klassen A und B, Halogenlampen mit Infrarotbeschichtung in den Klassen B und C, konventionelle Halogenlampen in den Klassen D und E. Glühlampen kommen über Klasse E nicht hinaus.
- Energiesparlampen lohnen sich aufgrund ihrer langen Lebensdauer und der geringen Betriebskosten praktisch immer. Testergebnisse zu Leistung und Lebensdauer von Energiesparlampen finden Sie in unserer Testzeitschrift Konsument 3/2008 bzw. 2/2009. Auch wenn sich viele Verbraucher über den höheren Anschaffungspreis, das

verzögerte Aufleuchten und eine Helligkeitsabnahme bei fortschreitender Brenndauer ärgern: An diesen Lampen führt kein Weg mehr vorbei, denn aufgrund einer EU-Entscheidung verschwinden die bekannten Glühlampen in den nächsten Jahren vom Markt.

- Tauen Sie Ihren Kühlschrank bzw. Ihre Kühltruhe ab, wenn sich dicke Eisschichten festgesetzt haben. Die Kühlaggregate müssen sonst länger laufen, um die Temperatur zu halten – dies kostet bis zu einem Drittel mehr Strom.
- Achten Sie darauf, dass die Lüftungsöffnungen von Kühlschrank und Gefriertruhe frei sind. Geräte nicht zu nah an die Wand stellen, sonst gibt es einen Wärmestau, den der Kühlschrank durch stärkere Kühlaktivität und damit mehr Stromverbrauch ausgleicht. Stellen Sie diese Geräte auch nicht neben den Herd oder in direkte Sonneneinstrahlung, da auch dies zu höherer Kühlleistung führt.
- Prüfen Sie, ob ein anderer Stromlieferant für Sie günstiger ist. In Österreich sind Sie an Ihren Netzbetreiber gebunden, den Stromlieferanten können Sie jedoch frei wählen. Näheres dazu finden Sie im Testmagazin Konsument 10/2008 in der Beilage „Strom und Gas: Wechseln und Geld sparen“ und unter www.konsument.at.

Das Etikett für Haushaltslampen

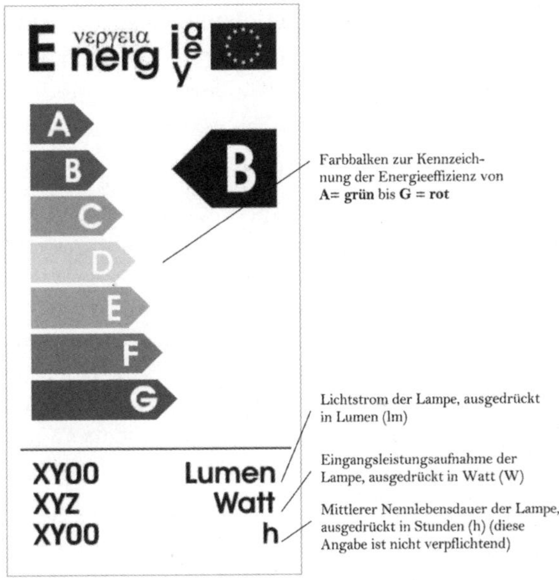

Andere Nebenkosten

Zu den anderen Nebenkosten zählen vor allem Gebühren für Müll, Wasser und Abwasser. Diese kennen leider nur eine Richtung: nach oben. Die Gemeinde, die die Gebühren vorschreibt, legt die neuen Preise aber meist frühzeitig fest, sodass Sie sich darauf einstellen können. In der Haushaltsplanung für das jeweilige Folgejahr sollten diese Kosten mit einer gewissen Steigerung kalkuliert werden.

Müll- und Abwasserkosten senken

TIPP

Einige Gemeinden rechnen den Hausmüll inzwischen nach Gewicht, ansonsten nach Volumen ab. Eine sorgfältige Mülltrennung und die separate Entsorgung von Altpapier, Glas und Kunststoff helfen hier sparen. Wasser bezahlen Sie in der Regel doppelt! Einmal die Wasserentnahme und dann nochmals die gleiche Menge bei den Abwassergebühren. Wenn Sie einen Garten oder eine Terrasse mit vielen Pflanzen haben, sprechen Sie bei Ihrer Gemeinde vor, um die Abwassermenge reduzieren zu lassen. Schließlich geht ein zum Teil hoher Wasserverbrauch ja nicht in die Kanalisation und damit weiter in die teure Kläranlage, sondern dient im Sommer der Bewässerung.

Kosten für Eigentumswohnung und Haus

Bei Wohnungseigentum sparen Sie Miete, trotzdem fallen Kosten fürs Wohnen an

Die Kosten einer Eigentumswohnung bzw. eines Hauses unterscheiden sich zum Teil erheblich von denen einer Mietwohnung. Vor dem Kauf sollten Sie auch diese monatlichen bzw. jährlichen Kosten prüfen und in Ihrem Haushaltsplan berücksichtigen. Hier sollen kurz die Kosten, die zusätzlich anfallen, angesprochen werden. Zwar entfällt die Nettomiete im Vergleich zur Mietwohnung, jedoch können Sie diese aufgrund neuer Kosten nicht einfach komplett als Ersparnis verbuchen.

Zinsen und Tilgung

Sie sollten sich vor dem Kauf eines Hauses bzw. einer Eigentumswohnung sehr genau überlegen, welche finanzielle Belastung auf Sie zukommt. Generell gilt die Faustregel: Die Belastung sollte maximal ein Drittel des Nettoeinkommens betragen und ohne ein Eigenkapital von mindestens 30 Prozent verzichten Sie besser auf einen Kauf. Mit der Verwendung dieses Haushaltsplans können Sie jedoch für sich eine genauere Berechnung des für Zinsen und Tilgung (bei endfälliger Tilgung: Aufbau des Tilgungsträgers) verfügbaren Betrages errechnen.

Schulden abtragen

	Abstattungskredit		endfällige Tilgung 25 Jahre		
Kreditbetrag	150.000,00 €				
Zinssatz	5,50 %				
	Tilgung in Prozent		**Zinsen in Prozent**		
	1,00 %	**2,00 %**	**3,00 %**	**4,00 %**	**5,00 %**
Laufzeit in Jahren	34	24	25	25	25
Zinsen	182.579,73 €	120.978,15 €	112.500,00 €	150.000,00 €	187.500,00 €

Wir haben für Sie einmal exemplarisch einen kleinen Vergleich gemacht, der die Wirkungen von höheren Zinssätzen und Tilgungssätzen verdeutlicht. Bei einem Abstattungskredit von 150.000 Euro und einem festen Zinssatz von 5,5 Prozent bedeutet eine Tilgung von 2 Prozent statt 1 Prozent eine Zinsersparnis von rund 61.000 Euro und eine Verkürzung der Laufzeit um 12 Jahre! Dies liegt daran, dass beim Abstatter die monatliche Belastung feststeht (z.B. 5,5 Prozent Zinsen plus 2 Prozent Tilgung sind 7,5 Prozent vom Kreditbetrag, geteilt durch 12 aufgrund der monatlichen Betrachtungsweise). Mit jeder Teiltilgung senken Sie den verbleibenden Kreditbetrag und die hierdurch ersparten Zinsen werden als zusätzliche Tilgungsleistung verrechnet. Je höher also die Anfangstilgung, desto höher Ihre Zinsersparnis und Ihre Tilgung. Ihre Schulden sind Sie auf diese Art früher los.

Bei einer endfälligen Tilgung bezahlen Sie monatlich nur die Zinsen auf den ursprünglichen Kreditbetrag (z.B. auf 150.000 Euro) und bauen parallel einen Tilgungsträger (meist in Form von Lebensversicherung oder Fonds) auf. Bei einem Zinssatz von nur 3 Prozent (klingt ja wesentlich netter als 5,5 Prozent) bezahlen Sie immerhin 112.500 Euro an Zinsen. Bei 5 Prozent sind es bereits 187.500 Euro.

Beratung durch unabhängige Finanzexperten kann vor Fehlentscheidungen schützen

Doch bei dieser endfälligen Tilgung erkaufen Sie sich den Vorteil der optisch niedrigen Zinssätze durch ein hohes Zinsänderungsrisiko (► Seite 130), ein hohes Währungsrisiko bei Fremdwährungskrediten sowie ein hohes Risiko durch den Tilgungsträger: Pleite des Fondsanbieters AMIS, Börsencrashes wie 1987, 2001 oder zuletzt 2008, um nur einige Beispiele zu nennen. Seien Sie daher vorsichtig und lassen Sie sich Alternativen von einem unabhängigen Experten rechnen. Der Kreditvermittler und die den Kredit gebende Bank haben immer Eigeninteressen! Auch wenn eine unabhängige Beratung Geld kostet: Die oben aufgezeigten Kostenunterschiede sollten es Ihnen wert sein!

Grundsteuer

Mit der Grundsteuer belastet die Gemeindeverwaltung die Grundstückseigentümer. Die Höhe variiert hierbei je nach Gemeinde oder Stadt. Die Abrechnung erfolgt in vier gleichen Raten verteilt über die Quartale und darf in Ihrem Haushaltsplan nicht vergessen werden.

Instandhaltung und Reparaturen

Für die Instandhaltung des Gebäudes werden bei Eigentumswohnungen von der Hausverwaltung/Eigentümergemeinschaft monatlich Instandhaltungsrücklagen aufgebaut. Hiervon werden notwendige Reparaturen oder Erneuerungen von Dach, Aufzug, etc. bezahlt. Diese Kosten tragen Sie als Mieter nicht, beim Kauf einer Eigentumswohnung müssen Sie diese aber zusätzlich berücksichtigen. Daher stellen sich beim Kauf folgende Fragen:

- Wie hoch ist die monatliche Instandhaltungsrücklage für die Wohnung?
- Wie hoch ist die Instandhaltungsrücklage insgesamt?
- Welche Instandhaltungsmaßnahmen wurden in den letzten drei bis fünf Jahren durchgeführt?
- Welche Maßnahmen stehen in den nächsten drei bis fünf Jahren an?
- Reicht die Instandhaltungsrücklage dafür aus oder sind Sonderumlagen zu erwarten?

Beim Kauf eines Hauses werden Sie nicht von Dritten zu diesem „zwangsweisen Sparen“ verpflichtet - hier müssen Sie selbst diese Rücklagen schaffen.

Verwaltergebühr
Bei einer Eigentumswohnung benötigen Sie bzw. die Eigentümergemeinschaft zusätzlich einen Hausverwalter. Diese Kosten sind in der Nebenkostenabrechnung für Mieter nicht enthalten, müssen daher monatlich mitkalkuliert werden.

Zusätzliche Versicherungen
Eine Eigenheimversicherung schützt gegen Schäden, die an den festen Bestandteilen des Gebäudes auftreten können (z.B. durch Feuer, Blitz, Sturm, etc.). Sie beinhaltet auch Schutz vor Schadenersatzfällen, die sich aus dem Grundbesitz ergeben. Klassischer Fall ist hierbei wohl die unterlassene Streupflicht im Winter und hierauf zurückzuführende Unfälle - aber auch andere Schadensfälle sind denkbar, z.B. die Verunreinigung des Erdreichs und die Gefährdung des Grundwassers durch einen ausgelaufenen Öltank. Wichtig ist hier ein sorgfältiger Abgleich der Versicherungsbedingungen, da es keine einheitlichen Regelungen zum Versicherungsumfang gibt.

Kosten Arbeitsweg

Erst mit unserer Arbeitskraft ermöglichen wir die Einnahmen in unserem Haushaltsplan. Von daher ist klar, dass die Kosten für den Arbeitsweg eine sehr hohe Priorität in unseren Ausgaben haben. Aber natürlich können wir die Höhe dieser Ausgaben bei der Entscheidung für ein Verkehrsmittel oder durch gezielte Überlegungen zu Einsparungen stark beeinflussen. Hierdurch schaffen wir dann finanzielle Spielräume für die nicht so notwendigen – aber schönen – Dinge des Lebens.

Kosten Arbeitsweg prüfen

TIPP

Wenn Sie einen Umzug planen, z.B. in eine kostengünstigere Wohnung oder ein Eigenheim außerhalb der Stadt, sollten Sie sich auch die Kosten für den neuen Arbeitsweg genau ansehen. Dies betrifft einerseits die zeitlichen Kosten (d.h. einen möglicherweise längeren Arbeitsweg), andererseits die Ausgaben für diesen Arbeitsweg. Mietersparnisse von 300 Euro im Monat sind schön. Wenn Sie dann jedoch auf ein Auto mit entsprechend hohen Kosten angewiesen sind oder gar ein zweites Auto benötigen bzw. sehr lange Fahrwege haben, kann aus der Ersparnis von 300 Euro leicht eine Zuzahlung von 50 bis 100 Euro im Monat werden.

Öffentliche Verkehrsmittel

Fahren mit Bim und Bahn spart Zeit und Kosten

Rechnet man bei den Kosten für das Auto realistischerweise auch die Abschreibung mit ein, so ist klar: Öffentliche Verkehrsmittel sind günstiger.

Bei Fahrten in die Stadt sparen Sie bei der Nutzung von öffentlichen Verkehrsmitteln zudem mehrfach:

- keine Kosten für Treibstoff, kein Verschleiß des Autos
- keine hohen Parkgebühren in den Innenstädten
- kein Stress bei der Parkplatzsuche

Insbesondere in Großstädten sind die Verbindungen gut und die Frequenz der Busse und Bahnen auch außerhalb der Stoßzeiten noch so häufig, dass viele Menschen preiswert und bequem ihren Arbeitsplatz erreichen können. Zumindest aber das Zweit- und Drittauto im Haushalt wird hier für den Arbeitsweg nicht benötigt.

Prüfen Sie, ob sich eine Monats- oder Jahreskarte für Sie lohnt. Dies hängt von Ihrem individuellen Fahrverhalten ab:

- An wie vielen Tagen in der Woche, im Monat, im Jahr fahren Sie mit öffentlichen Verkehrsmitteln?
- Was kostet ein Einzelfahrschein, eine Wochen-, Monats- oder Jahreskarte?
- Teilen Sie den Ticketpreis durch die Anzahl der Nutzungstage und vergleichen Sie.

Auto

Die Kosten für das Auto zählen, wenn Sie es zur Erzielung von Einkommen benötigen, zu den notwendigen Ausgaben im Haushaltsplan. Sie merken, wir stellen hier auf die Verwendung und Funktionalität ab. Diese Definition schließt damit nicht jede Ausstattungsvariante und jeden Hersteller mit ein. Bei diesen Extras geht es um Zusatzwünsche, die strikt nach den finanziellen Leistungsmöglichkeiten beurteilt werden müssen. Im Sinne dieses Buches handelt es sich um Konsum, der bei engem Budget eine niedrige Priorität im Haushaltsplan hat und niemals auf Kredit finanziert werden sollte.

Ein Auto ist nur dann wirklich notwendig, wenn Sie es für Ihren Job brauchen

Folgekosten beachten

TIPP

Mit der Wahl eines Autos trifft man auch eine Vorentscheidung über die Höhe der jährlichen Kfz-Steuer und Kfz-Versicherung. Klären Sie diese Folgekosten unbedingt vor dem Kauf!

Generell ist der Autokauf eine langfristige Investition mit hohen Kosten. Da der hierfür notwendige Betrag die Einnahmen eines Monats und häufig genug auch die Rücklagen überschreitet, muss monatlich eine Rücklage für die Anschaffung oder Ersatzbeschaffung gebildet werden. Eine

Orientierungsgröße hierfür ist der bei dem jeweiligen Auto übliche Wertverlust über die geplante Nutzungsdauer (Tabellen dazu finden Sie bei den Autofahrerclubs ÖAMTC und ARBÖ).

Beim Autokauf lassen sich erhebliche Kosten einsparen, wenn Sie sich nicht nur auf einen Preisvergleich zwischen den ortsansässigen Händlern beschränken und auf einen Kauf des neuesten Modells einer feststehenden Marke fixieren.

Gebrauchtwagen, Auslaufmodell

Neuwagen bedeutet nach einem Urteil des OLG (Oberlandesgericht) Wien fabrikneu: Das Fahrzeug darf hier nicht älter als 11 bzw. 13 Monate sein. Die Definition von Gebrauchtwagen ist dagegen nicht klar umrissen. Das Online-Lexikon wikipedia stellt hier auf mindestens einen Vorbesitzer ab. In der Praxis werden jedoch Gebrauchtwagen mit unterschiedlichen Definitionen angeboten: Jahreswagen (ein Jahr nach Erstzulassung), Vorführwagen (Zulassung maximal ein Jahr, noch mindestens drei Monate Garantie, keine Aussage zu gefahrenen Kilometern), Tageszulassungen (oftmals nur zu verkaufstechnischen Zwecken), etc. Hier sind im Vergleich zu den meist unverbindlichen Herstellerpreisen oftmals erhebliche Preiszugeständnisse möglich, die bis zu 30 Prozent betragen. Dies entspricht in etwa dem Wertverlust, den ein Neuwagen innerhalb des ersten Jahres erleidet.

Halten Sie auch beim Autokauf Ausschau nach Sonderangeboten

In Zeiten eines Modellwechsels beim Hersteller werden die Auslaufmodelle oft mit erheblichen Preisabschlägen angeboten. Wenn Sie nicht immer das aktuellste Modell fahren müssen, ergeben sich hier interessante Einsparmöglichkeiten.

Auch echte Gebrauchtwagen mit geringer Kilometerleistung sind keine zweite Wahl. Beim Kauf über den Händler haben Sie Gewährleistungsansprüche. Diese betragen auch bei Agenturaufträgen (Händler handelt im Namen und für Rechnung eines Privatkunden) seit dem 1. Januar 2002 mindestens ein Jahr, bei Kundenwunsch bis zu zwei Jahre. Zusätzlich können Sie sich mit einer Zusatzversicherung (Car Garantie) gegen ungeplante Reparaturen weitgehend absichern. Auch gewähren viele Gebrauchtwagenhändler bis zu fünf Jahre Garantie! Diese deckt im Gegensatz zur Gewährleistung auch Schäden ab, die erst nach der Übergabe eintreten.

EU-Reimporte
Die Preise innerhalb der Europäischen Union unterscheiden sich auch bei Autos erheblich. Dies liegt nicht nur an unterschiedlichen Mehrwertsteuersätzen, sondern auch an dem stark unterschiedlichen Preisniveau (niedrigere Preise als Ausgleich für höhere Steuer, stärkere Wettbewerbssituation, schlechtere Möglichkeiten zur Durchsetzung höherer Preise, etc.). Die Idee der völlig legalen EU-Reimporte ist, den Wagen im anderen Land ohne Mehrwertsteuer kaufen, in Österreich Mehrwertsteuer nachzahlen und den Wagen zulassen – und dabei bis zu 30 Prozent sparen. Dies kann man alles selbst machen oder sich eines Autohändlers, der sich auf EU-Reimporte spezialisiert hat, bedienen.

Was ist zu beachten? Die Ausstattungsmerkmale in der Grundausstattung variieren von Land zu Land. Für einen aussagekräftigen Preisvergleich ist es daher zwingend erforderlich, sämtliche Leistungsmerkmale (elektrische Fensterheber, Servolenkung, ABS, usw.) vollständig anzugeben.

Unterschiede zwischen Gewährleistung und Garantie

Für einen eventuellen späteren Reparaturfall ist es wichtig, sich über die Garantiebedingungen klar zu werden und sich diese schriftlich bestätigen zu lassen. Wir unterscheiden hier zwischen der gesetzlich vorgeschriebenen Gewährleistung und der freiwilligen Garantie von Herstellern oder Händlern.

Gewährleistungspflicht. Diese ist in Österreich gesetzlich geregelt auf 24 Monate festgelegt und ist von österreichischen verkaufenden Händlern zu erbringen. Bitte keinen Vertrag mit geringerer Gewährleistungszeit unterschreiben, da hier der Vertrag vor dem Gesetz zum Tragen kommt.

Herstellergarantie. Hier steht der Hersteller für die Garantieleistung ein. Dauer, Umfang und Bedingungen sind im Serviceheft dargelegt. Für EU-Fahrzeuge gilt sie mindestens im gesamten europäischen Wirtschaftsraum – oftmals aber auch darüber hinaus.

Kein Vermittlungsauftrag

TIPP

Achten Sie darauf, dass Sie mit dem Händler keinen Vermittlungsauftrag, sondern einen Kaufvertrag abschließen. Hierdurch stellen Sie sicher, dass Sie einen inländischen Vertragspartner haben und sich bei Reklamationen nicht mit dem Verkäufer in den Niederlanden, Belgien oder Schweden auseinandersetzen müssen.

Händlergarantie. Einige Hersteller wälzen die Garantie auf den verkaufenden Vertragshändler ab. Dies entbindet sie allerdings nach europäischem Recht nicht von der Einstandspflicht. Umfang, Dauer und Bedingungen der Garantie sind im Serviceheft dargelegt. Für EU-Fahrzeuge gilt sie mindestens im gesamten europäischen Wirtschaftsraum – oftmals aber auch darüber hinaus.

Nur Komplettpreis für das Auto zählt

Lassen Sie sich immer den Komplettpreis inkl. NOVA (Normverbrauchsangabe), Lieferung und Zulassung bestätigen. Das beinhaltet auch die notwendige Zulassungsbescheinigung und die Erstellung des Kfz-Briefes! Auf der letzten Seite des Kfz-Briefes sollte von der ausstellenden Zulassungsbehörde die Betriebserlaubnis erteilt sein. Nur wenn dies der Fall ist, kann keine andere Zulassungsstelle Einwände gegen eine Zulassung des betreffenden Fahrzeugs erheben. Auch eventuell benötigte Ausnahmegenehmigungen sind hierbei schon der Prüfung unterzogen.

Haben Sie sich für ein Fahrzeug entschieden, sollte die Bezahlung – wie bei jedem Kauf – nur nach Lieferung erfolgen. Sollte vom Lieferanten eine Anzahlung gefordert werden, so sollte diese nicht in bar erfolgen. Eine Bankbürgschaft (Sie hinterlegen das Geld bei einer Bank, die dann bestätigt, dass die Bank für die Bezahlung dieses Betrages bürgt) mit Zahlungsfrist bei Lieferung gibt dem Lieferanten Sicherheit und bewahrt auch Sie vor unliebsamen Überraschungen. Kostengünstiger sind jedoch Bank- und Finanzierungsbestätigungen Ihrer Bank, die Sie oft sogar kostenlos erhalten.

Internet

> Verlassen Sie sich nicht auf einen Preisvergleich bei wenigen Händlern vor Ort – holen Sie auch über das Internet Preisvergleiche ein. Damit haben Sie zumindest eine bessere Verhandlungsmöglichkeit beim Händler Ihres Vertrauens vor Ort.
>
> TIPP

Finanzierung

In Zeiten schlechter Absatzzahlen bieten viele Hersteller und Händler eine Finanzierung des Autos über eine Bank des Herstellers zu niedrigen Zinsen oder zinsenlos an. Dies bedeutet für Sie:

- keine oder nur sehr geringe Zinsbelastung
- die Preisverhandlungsspielräume bei Kauf werden dadurch aber viel kleiner
- strikte Einhaltung der Wartungsintervalle

Oft muss auch eine Restschuldversicherung abgeschlossen werden, die fällige Raten z.B. nach dem Tod des Versicherungsnehmers weiter bezahlt. Die Kosten für diese Versicherung müssen Sie zusätzlich tragen und auch im effektiven Jahreszinssatz sind diese meistens nicht eingerechnet.

Vor der Entscheidung über die Finanzierung des Kredits sollten Sie daher folgende drei Punkte prüfen:

- Welche Kosten kommen neben den Zinsen auf mich zu? Wie hoch sind meine Kosten über die Gesamtlaufzeit?
- Auf welche Preissenkungen muss ich bei einer Finanzierung über den Hersteller verzichten?
- Was kostet mich eine alternative Finanzierung über meine Hausbank über die Gesamtlaufzeit?

Achten Sie auch auf die Gesamtkosten über die Laufzeit

Eine Finanzierung über den Hersteller ist nur dann günstiger, wenn die Summe der Kosten aus den ersten beiden Punkten niedriger ist als die Kosten von Punkt 3.

Car-Sharing

Prüfen Sie, ob Car-Sharing für Sie eine Alternative sein kann. Hier teilen Sie sich mit anderen Fahrern ein Auto, was sich insbesondere dann rechnet, wenn Sie das Auto nur wenig benutzen. Dies kann über einen Anbieter von Car-Sharing geschehen oder bereits im kleinen Rahmen des persönlichen Umfeldes (Familie, Nachbarn, Freunde). Wichtig bei letzterem ist die Klärung folgender Fragestellungen:

- An welchen Tagen und zu welchen Zeiten nutze ich das Auto üblicherweise?
- Ist das Nutzungsverhalten der anderen Teilnehmer so, dass es keine oder nur wenige Überschneidungen gibt?
- Ist der Standort des Autos bzw. der anderen Teilnehmer so nah oder so günstig erreichbar, dass meine persönliche Belastung nicht zu groß ist?
- Wie werden die Kosten verteilt und ist die Einsparung für mich so groß, dass die höhere Kfz-Versicherung (mehrere Fahrer) und eventuell ein Mietwagen bei besonderen Ereignissen (Überschneidung bei Nutzung, Urlaub mit Auto, etc.) gedeckt ist?

Treibstoff

Spritkosten lassen sich leicht über das eigene Fahrverhalten senken

Der Kostenblock für Sprit ist – mit Ausnahme der Anschaffungskosten – der größte und ein ständiges Ärgernis. In der Regel denken wir hierbei an die günstigste Tankstelle – dies jedoch wird dem Thema nicht gerecht, denn die wichtigste Einsparquelle ist der richtige Gebrauch des Fahrzeugs. Eine Klimaanlage sollten Sie wirklich nur bei Bedarf einschalten. Sie verbraucht in der Stunde zwischen 0,3 und 0,7 Liter Treibstoff zusätzlich, eine Standheizung 0,2 bis 0,5 Liter. Aber auch eine permanente Luftkühlung durch ein offenes Fenster ist insbesondere bei höheren Geschwindigkeiten ein Grund für einen höheren Energieverbrauch. Wenn es nötig ist, lieber kurz auf vollen Durchzug setzen statt über längere Zeit ein Fenster geöffnet halten.

Die höchste Ersparnis beim Treibstoffverbrauch aber haben Sie bei einer gleichmäßigen und moderaten Fahrweise – andauerndes Bremsen, Beschleunigen und Lückenspringen führt zu erhöhtem Verbrauch. Daher sollten Sie am besten immer mit gleicher Geschwindigkeit und untertourig fahren: Wählen

Sie einen hohen Gang mit niedriger Drehzahl (statt niedrigem Gang mit hoher Drehzahl) und bleiben Sie so lange wie möglich in diesem höheren Gang (so lange dies ohne „Ruckeln“ möglich ist).

Im Straßenverkehr erleichtern Sie sich diese Fahrweise, wenn Sie:

- Hauptverkehrszeiten meiden (Staus, stockender Verkehr)
- Ihre Route so planen, dass Sie Baustellen und Staugebieten ausweichen
- Abstand zum Vordermann halten (statt ständig zu bremsen bzw. zu beschleunigen).

Planen Sie Tank-Stopps in Ihre Fahrtrouten ein

Das ständige Umsehen nach der günstigsten Tankstelle halten auch wir für gut. Schon deshalb, weil es den Wettbewerb zwischen den Erdölgesellschaften und den von ihnen betriebenen Tankstellen fördert und so übermäßige Preissteigerungen verhindert. Große Umwege zu einer günstigeren Tankstelle halten wir aber nicht für wirtschaftlich, da ein Preisunterschied von einem Cent pro Liter bei 50 Litern je Tankvorgang nur 50 Cent Ersparnis ausmacht. Je nach Fahrverhalten also wahrscheinlich ein bis zwei Euro im Monat. Nutzen Sie daher notwendige Fahrten auch zum Tanken.

Diskonttankstellen haben oft, aber nicht immer die günstigsten Preise. Vermeiden Sie das Tanken auf Autobahnen (meist rund drei Cent teurer) und erkundigen Sie sich bei Urlaubsreisen ins Ausland, ob der Benzinpreis dort höher oder niedriger ist. Dementsprechend tanken Sie vor oder nach dem Grenzübertritt.

Motorbezogene Kfz-Steuer

Die motorbezogene Kfz-Steuer wird berechnet nach der Motorleistung in Kilowatt (kW), wobei Autos, die erstmals vor dem 1.1.1987 zugelassen wurden und keinen Katalysator haben, mit Zuschlägen von 20 Prozent bestraft werden. Diese Kosten lassen sich sinnvoll meist nur beim Kauf des Autos beeinflussen (Quelle: www.bmf.gv.at; >Auto und Steuern, >Motorbezogene Versicherungssteuer).

Fahrgemeinschaften

TIPP

Nutzen Sie bei Fahrten zur Arbeitsstelle oder zum wöchentlichen Großeinkauf auch Fahrgemeinschaften. Das spart nicht nur Kosten, sondern bringt auch soziale Kontakte.

Für unseren Haushaltsplan ist wichtig, dass diese Steuer gemeinsam mit der Versicherungssteuer durch die Kfz-Versicherung erhoben wird. Bei monatlicher Zahlung verlangt der Staat jedoch einen Zuschlag von zehn Prozent! Hier ist es, sofern die Liquidität da ist, überlegenswert, auf jährliche Zahlung umzusteigen und damit diesen Zuschlag von 30 bis 100 Euro zu vermeiden.

Versicherung

Versicherungsverträge regelmäßig prüfen

Nach dem Kauf eines Fahrzeugs, einem Unfall oder zum Ende eines jeden Versicherungsjahres stellt sich die Frage nach der richtigen, d.h. kostengünstigsten Kfz-Versicherung. Der Beitrag richtet sich in der Kfz-Haftpflichtversicherung für Pkw grundsätzlich nach der Motorleistung (kW) und der Anzahl der unfallfreien Jahre (Bonus-Malus-System). Auch individuelle Faktoren (z.B. Viel- oder Wenigfahrer, Garagenbesitzer, Mann oder Frau, Alter, Fahrverhalten) spielen bei Rabatten und Zuschlägen meist eine Rolle.

Prüfen Sie, welche Rabatte Ihnen Ihre Versicherung gewährt. Ändern sich Ihre Lebensumstände, melden Sie das umgehend Ihrer Versicherungsanstalt, damit Ihr Vertrag angepasst werden kann.

Ein am besten jährlich durchzuführender Preisvergleich sollte alle diese Punkte berücksichtigen, da sich die Konditionen und Bedingungen für Neuverträge ständig ändern.

Internet

TIPP

Prüfen Sie auch die Angebote im Internet: Möglicherweise erhalten Sie von Versicherungsgesellschaften zusätzliche Rabatte, wenn Sie die Versicherung im Internet abschließen.

Wartung, Reparaturen

Insbesondere bei neueren Fahrzeugen ist eine regelmäßige Wartung Pflicht. Sie ist auch bei geleasten Fahrzeugen oder kreditfinanzierten Autos sowie zur Wahrung von Garantieansprüchen vorgeschrieben. Ansonsten benötigen Sie nach 10.000 bis 15.000 Kilometer auf jeden Fall einen Ölwechsel. Planen Sie diese Kosten frühzeitig genug in Ihrem Haushaltsplan ein, da es sich um absehbare Kosten handelt. Daneben können Sie aber auch den Treibstoffverbrauch durch eine regelmäßige Wartung (Zündkabel, Zündkerzen, Luft- und Ölfilter) senken.

Bei älteren Autos müssen Sie natürlich auch mit Reparaturen rechnen. Stossdämpfer z.B. gehören bei Defekten aus Sicherheitsgründen (Bremsweg!) sofort getauscht (das gilt auch für Reifen, Bremsbeläge, Bremsflüssigkeit, etc.!). Die Haltbarkeit für diese Verschleißmaterialien variiert je nach Hersteller, Baujahr des Autos und Ihren Fahrgewohnheiten. Sie können den zu erwartenden Verschleiß beim Kauf oder in der Werkstatt erfragen, Ihre Fahrgewohnheiten müssen Sie selbst einschätzen. Im Haushaltsplan sollten Sie dann eine Vorsorge durch die monatliche Berücksichtigung einer Rückstellung (Ansparen der absehbar höheren Kosten in den Folgemonaten) bilden.

Für erwartbare Ausgaben frühzeitig ansparen

Wenn das sogenannte Pickerl (§57a-Prüfung) ansteht, gehören auch diese Kosten vorab in Ihren Haushaltsplan. Sie können Reparaturkosten sparen, wenn Sie das Auto nicht vor dem Termin durchsehen und reparieren lassen, sondern nur die bemängelten Punkte nachträglich beheben lassen. Sie können die erforderliche Überprüfung auch bei ÖAMTC oder ARBÖ machen lassen.

Preisvergleiche

TIPP

Kosten bei Reparaturen und Ersatzbeschaffungen (Reifen, etc.) lassen sich senken, wenn Sie nicht nur zu der Vertragswerkstatt Ihres Herstellers fahren, sondern sich auch von freien Werkstätten Angebote einholen. Diese wissen auch um baugleiche Ersatzteile anderer Hersteller und können Ihnen dann eventuell ein günstigeres Angebot machen.

Lebensmittel

Quittungen von Lebensmittelkäufen sagen viel über Ihr Einkaufsverhalten

Nahrungsmittel benötigt jeder. Es sind jedoch wesentliche Unterschiede zwischen den Haushalten festzustellen. Haben Sie noch die Einkaufszettel der letzten Einkäufe aufgehoben? Spätestens wenn Sie sich mit Ihrem Haushaltsplan beschäftigen, müssen Sie die Quittungen aufheben, da diese Ihnen auch im Nachhinein Wesentliches über Ihr Einkaufsverhalten verraten werden. Insbesondere in Zeiten, in denen Sie unerwartet hohe Ausgaben (z.B. wegen dringend nötiger Reparaturen) ausgleichen wollen oder müssen, können Ihnen diese Belege auch zur Planung von Einsparungen dienen.

Eine sehr wichtige Frage erscheint uns die Abgrenzung des Bereichs Lebensmittel zu anderen in der Priorität niedrigeren Rubriken zu sein. Dies ist notwendig, da auch bei engem Haushaltsbudget Aufwendungen für Lebensmittel immer sein müssen, andere Ausgaben hingegen kurzfristig gestrichen werden können.

Fast-Food

Kennen Sie das nicht auch: Sie kommen erledigt von der Arbeit und nehmen von der Pizzeria, dem Dönerladen oder dem Würstelstand noch schnell eine Kleinigkeit mit nach Hause, um sich die Zeit und Arbeit der Essenszubereitung zu sparen? Oder Sie rufen beim Pizza-Service an und lassen sich das Essen vorbeibringen? Tragen Sie diese Ausgaben jetzt unter Lebensmittel oder unter Essen gehen ein?

Fast-Food = Essen gehen

TIPP

Tragen Sie diese Ausgaben konsequent unter Essen gehen ein, da Sie erhebliche Kosten durch ein anderes Einkaufsverhalten einsparen könnten. Im Supermarkt kostet die Tiefkühlpackung Pizza meist unter 3 Euro, die Mitnahme-Pizza hingegen ab sechs Euro pro Stück. Hier sind im Notfall schnell erhebliche Einsparungen möglich – die richtige Zuordnung im Haushaltsbuch zeigt Ihnen das besser auf.

Zigaretten und Alkohol

Sind Sie süchtig, zumindest nach Zigaretten? Dann werden Sie diese Ausgaben vom Gefühl her wahrscheinlich eher bei den lebensnotwendigen Ausgaben mit einer hohen Priorität im Haushaltsplan eintragen wollen. Eine gleich hohe Priorität wie Brot und eine warme Mahlzeit erscheint hier aber nicht angebracht.

Bilden Sie hierfür eine neue Rubrik, die Sie weiter unten (d.h. mit niedrigerer Priorität) im Haushaltsplan einordnen. Sie verdeutlichen sich selbst damit zweierlei:

- Auf diese Ausgaben können Sie (noch) nicht kurzfristig verzichten.
- Sie können die Kosten für Ihr Suchtverhalten deutlicher erkennen und natürlich auch zukünftige Kostensteigerungen (eine weitere Erhöhung der Tabaksteuer) mit den Auswirkungen auf Ihre Ausgaben beurteilen.

Vorplanung spart Kosten

Bewusstes und geplantes Einkaufen senkt Kosten deutlich

Erstellen Sie sich vor dem Einkaufen eine Einkaufsliste. Dadurch vermeiden Sie Spontaneinkäufe von Waren, die Sie für diesen Einkauf nicht geplant hatten. Und wenn Sie mit Ihren Kindern einkaufen gehen, planen Sie bereits vorab ein maximales Budget für die Kinderwünsche ein, an das Sie sich strikt halten. Lassen Sie sich nicht in Ihrer Einkaufsentscheidung beeinflussen!

Gehen Sie niemals hungrig einkaufen – es gibt Untersuchungen, die zeigen, dass es bei leerem Magen zu mehr Spontaneinkäufen kommt. Auch die Erstellung der Einkaufsliste sollten Sie natürlich nicht mit leerem Magen machen, da hier dasselbe Problem auftritt.

Vermeiden Sie das Einkaufen an Tankstellen, Bahnhöfen, Flughäfen, etc. Diese bieten Ihnen Lebensmittel und Getränke zwar auch nach Ende der Ladenöffnungszeiten, haben jedoch auch wesentlich höhere Preise als der nächste Supermarkt. Solche Notkäufe können durch vorausschauendes Einkaufen leicht vermieden werden. Je nach Produkt sind so Kostenersparnisse möglich.

Preisvergleiche

Einkauf in mehreren Geschäften und das Nutzen von Sonderangeboten hilft sparen

Kaufen Sie nicht alle Waren während eines Einkaufes im gleichen Geschäft, sondern nutzen Sie die wöchentlich wechselnden Sonderangebote des örtlichen Handels (mit diesen Sonderangeboten für einzelne Waren will Sie der Händler aber auch zum Kauf der nicht verbilligten Waren verleiten). Hinweise auf die aktuellen Sonderangebote des Handels finden Sie in Beilagen zur örtlichen Tageszeitung und kostenlosen Postwurfsendungen. Diskonter sind häufig besonders preisgünstig, bieten jedoch nur ein eingeschränktes Sortiment an – die Qualität in diesen Geschäften ist jedoch oft bemerkenswert hoch.

Bücken und strecken

TIPP

Oft bieten Supermärkte mit breitem Sortiment die gleichen Waren von mehreren Herstellern an. Diese unterscheiden sich in Image und Preis. Sie werden feststellen, dass die teureren Waren in der Regel in Augen- und Griffhöhe zu finden sind. Sehen Sie daher auch in den niedrigeren oder höheren Regalplätzen nach – oft sind hier die preiswerteren Produkte zu finden.

Häufig bieten insbesondere die Handelsketten nicht nur Markenartikel, sondern auch sogenannte Handelsmarken, die nur bei den Geschäften dieser Handelsketten erhältlich sind. Diese sind preisgünstiger als die Markenartikel, haben jedoch nicht unbedingt eine schlechtere Qualität! Oft werden sie auch von Markenherstellern speziell für diese Handelsketten fabriziert und von diesen in großen Mengen abgenommen. Der Handel gibt dann die Mengenrabatte und die fehlenden Kosten für Werbung als Preisvorteil an Sie weiter.

Einkaufsgemeinschaften

Größere Verpackungseinheiten erhalten Sie meist preisgünstiger als kleinere Einheiten. Ob dies jedoch auch für Sie selbst tatsächlich günstiger ist, hängt von Ihrem Konsumverhalten ab:

- Werden Teile der größeren Verpackungseinheit bei Ihnen schlecht, weil sie nicht gegessen werden?
- Essen Sie von einer Ware (z.B. Schokolade, Chips, Kekse) mehr als üblich, nur weil sie gerade in größeren Mengen im Haushalt vorhanden ist?

Großeinkäufe mit Nachbarn und Freunden teilen

Wenn Sie diese Fragen mit Ja beantworten, kann auch eine teurere kleine Packung für Sie billiger sein. Aber auch dann können Sie prüfen, ob Sie je nach Ware gemeinsam mit Freunden oder Nachbarn eine größere Packung wählen und die Waren dann aufteilen.

Vorkochen

TIPP

Kochen Sie als Single nicht immer nur die Portion für das nächste Essen, sondern gleich zwei oder drei Portionen. Das Kochen fällt hier nicht nur leichter, Sie können auch größere Packungen einkaufen. Den Rest frieren Sie für die nächsten Tage bzw. Wochen ein und ersparen sich an diesen Tagen die Zeit für die Zubereitung. Oder vereinbaren Sie einmal wöchentlich ein gemeinsames Essen mit Gleichgesinnten, bei dem jede Woche ein anderer die Lebensmittel stellt. Dies ist nicht nur billiger, sondern auch gut für das Lebensgefühl. Und: Auch ein Ungeübter kann sich hier beim gemeinsamen Kochen zu anspruchsvolleren Gerichten hocharbeiten.

Kinder

Unter den Einnahmen hatten Sie Familienbeihilfe und möglicherweise Alimente vermerkt, bei den Ausgaben müssen Sie Ihre Kinder aber auch einplanen! Nachfolgend finden Sie die häufigsten Positionen – vielleicht kommen noch weitere dazu.

Taschengeld, Kleidung, Handy

Damit Ihre Kinder den Umgang mit Geld frühzeitig lernen, sollten sie auch Taschengeld erhalten (anfangs auf Wochen-, später auf Monatsbasis). Das gehört natürlich in Ihren Haushaltsplan. Und vielleicht besprechen Sie mit Ihrem Nachwuchs auch einen Haushaltsplan für Kinder, wenn das liebe Geld öfters nicht ausreicht.

Für Kleidungskäufe planen Sie am besten mehrere Termine im Jahr für Ihre Ausgaben ein. Höhe und Häufigkeit der Ausgaben sind hierbei nicht generell bestimmbar, dies richtet sich ja auch nach dem Alter und der Wachstumsgeschwindigkeit der Kinder. Nutzen Sie die Schlussverkäufe, widerstehen Sie dem Gruppenzwang nach immer neuer Markenkleidung und machen Sie Ihren Kindern unmissverständlich klar: Der Wert eines Menschen bestimmt sich nicht nach dem Preis der Kleidung.

An jugendlichen Handynutzern verdienen Provider immer noch viel Geld

Jugendliche und Handy – ein gutes Geschäft für die Telefongesellschaften! Eine mögliche Lösung sind Pre-paid-Karten oder die sorgfältige Planung des Handytarifs unter Einbeziehung des Jugendlichen. Zeigen Sie die Verbindung zwischen Telefonverhalten und Kosten deutlich auf und überlegen Sie, durch welche Tarifwahl die Kosten minimiert werden können.

Auf langfristige Verträge sollte bei Jugendlichen generell verzichtet werden, da

- die Telefongesellschaften ständig neue günstigere Tarife anbieten und
- sich gerade das Telefonverhalten bei Jugendlichen häufig ändert.

Mit kurzer Vertragslaufzeit können Sie schneller darauf reagieren und Kosten sparen.

Klassenausflüge, Schulgeld, Freizeit

Ihre Kinder gehen noch in den Kindergarten oder in die Schule? Dann kommen Sie um diesen Kostenblock für monatliche Kindergartenbeiträge oder Kosten für die jährlichen Projekttage kaum herum. Gleiches gilt natürlich für die Beiträge zu sportlichen oder kulturellen Betätigungen: frühzeitig im Haushaltsplan berücksichtigen.

Kontoführung

Preisvergleich der Kontoführungsgebühren lohnt sich immer

Ein Konto für Ihren Gehaltseingang und die Überweisung der wichtigsten Kosten (Miete, Versicherungen) ist für Sie unverzichtbar. Leider unterscheiden sich die Banken in den Konditionen der Kontoführung ganz erheblich, sodass Sie vor einem Preisvergleich zuerst einmal Ihren persönlichen Bedarf ermitteln sollten.

- Wie viele Buchungen haben Sie pro Monat und wie teilen diese sich auf? Notieren Sie:
  - Anzahl der Buchungen gesamt und davon:
  - beleghafte Überweisungen
  - Abbuchungen
  - Daueraufträge
  - Barabhebungen
- Wie hoch sind Ihre monatlichen Zahlungseingänge durch Gehalt, etc?
- Wie hoch ist Ihr monatlicher Durchschnittssaldo? Darunter verstehen die Banken den valutarischen Durchschnittssaldo. Dieser orientiert sich nicht am Buchungstag, also an dem im Kontoauszug ausgewiesenen Saldo, sondern am Valutensaldo. Darunter versteht man die Wertstellung, die je Buchung in Ihrem Kontoauszug separat ausgewiesen ist. Für eigene Berechnungen ist das meist zu kompliziert: Fragen Sie Ihre Bank nach Ihrem valutarischen Durchschnittssaldo der letzten Monate.
- Benötigen Sie einen Postversand der Auszüge oder können Sie aufgrund der räumlichen Nähe einen Kontoauszugsdrucker nutzen? Reicht Ihnen eventuell ein Auszug pro Monat?
- Benötigen Sie eine EC-Karte und zusätzlich eine Kreditkarte?
- Können und wollen Sie eine Kontoführung per Telefon (Telefon-Banking) oder über Ihren PC (Online-Banking) machen?
- Haben Sie weitere Anforderungen an Ihre Bank? Wollen Sie z.B. Ihr Konto auch gelegentlich für Überziehungen

nutzen? Wenn ja, wie hoch ist Ihre monatliche Überziehung (auch das wieder valutarisch)? Diese Frage vereinfachen wir wieder, indem Sie Ihre Bank nach dem durchschnittlichen valutarischen Sollsaldo des letzten Monats fragen. Damit können Sie im ersten Schritt die Zinszahlen errechnen:

Zinszahlen (ZZ) = durchschnittlicher valutarischer Sollsaldo : 100 x Monatstage

Überziehungszinsen und Sollzinsen regelmäßig überprüfen

Zum Teil bieten Ihnen aber auch die Kontoauszüge diese Information – dort finden Sie beim letzten Kontoabschluss bei den Sollzinsen und Überziehungszinsen die Zinszahlen.

Zinszahlen (ZZ) = Summe negativer Valutensaldo : 100 x Tage des gleichen Sollsaldos

In den Zinszahlen sind bei Sollzinsen also die negativen Valutensalden bereits enthalten und mit den Tagen der Kontoüberziehung gewichtet. Die Sollzinsen ergeben sich jetzt durch Multiplikation der Zinszahlen mit dem Sollzinssatz, das Ergebnis wird durch 365 (Tage) dividiert.

Sollzinsen = Zinszahlen x Sollzinssatz : 365 Tage

Hat eine andere Bank aufgrund Ihres Preisvergleichs andere Sollzinssätze, so können Sie die Banken jetzt in Bezug auf Ihre persönliche Kontoführung miteinander vergleichen:

Bank A: 2.000 ZZ x 8,75 Sollzinssatz : 365 Tage =	**47,95 Euro Sollzinsen**
Bank B: 2.000 ZZ x 9,25 Sollzinssatz : 365 Tage =	**50,68 Euro Sollzinsen**
Differenz:	**2,73 Euro Sollzinsen**

Bei gleichen Konditionen der normalen Kontoführung ist Bank B für Ihre persönlichen Verhältnisse um 2,73 Euro im Monat teurer.

• Werden Ihnen regelmäßig oder gelegentlich auch Überziehungszinsen berechnet? Dann verfahren Sie mit diesen ebenso wie mit den Sollzinsen.

Alle Konditionen prüfen

TIPP

Vergessen Sie die Sollzinsen bei Ihrem Bankvergleich nicht. Häufig haben Banken mit niedrigen Kontoführungsgebühren zugleich auch hohe Sollzinssätze. Eine Bank für das laufende Konto (Verbuchung auch der Einnahmen) und eine Bank für Schulden machen keinen Sinn, da die kreditgebende Bank auch Sicherheiten (Einnahmen) haben möchte. Aber: Sie könnten ein eigenes Konto bei einer Bank mit geringen Kontoführungskosten einrichten und darauf von Ihrem Gehaltskonto bei Ihrer Hausbank monatlich einen festen Betrag überweisen – alle Überweisungen tätigen Sie dann von dem günstigeren Konto.

Kontolinie festlegen

Einrichtung einer Kontolinie spart hohe Kosten bei Kontoüberziehung

Überziehungszinsen fallen immer dann an, wenn es sich bei der Kontoüberziehung um eine von der Bank geduldete, jedoch nicht genehmigte Überziehung handelt. Vereinbaren Sie deshalb mit Ihrer Bank eine sogenannte Kontolinie (Disporahmen). Darunter versteht man eine bestimmte Höhe an genehmigter Überziehung des Kontos. Für diesen (valutarischen) Betrag zahlen Sie zwar Sollzinsen, jedoch keine Überziehungszinsen. Da diese in der Regel fünf Prozent über den Sollzinsen liegen, lässt sich hier im Fall des Falles gutes Geld sparen.

In diversen Publikationen finden Sie immer auch Vergleiche für preiswerte oder kostenlose Kontoführung. Um diese jedoch für sich nutzen zu können, müssen Sie sich vorher über Ihr eigenes Kontoverhalten im Klaren sein. Bietet eine Bank z.B. eine kostenlose Kontoführung bei einem valutarischen Durchschnittssaldo von 1500 Euro im Monat an, so können Sie ohne Beantwortung der zuvor gestellten Fragen mit dieser Information gar nichts anfangen.

Unverzichtbare Versicherungen

Unabhängig vom Einkommen gibt es einige Risiken, die Sie in jedem Fall durch eine Versicherung minimieren sollten. Für unsere Haushaltsplanung bedeutet dies, dass Sie auf diese Ausgaben nicht verzichten können. Deren Höhe können Sie jedoch zum Teil beeinflussen und sich damit mehr finanzielle Freiräume für andere Ausgaben schaffen.

Internet und Sondertarife

Vor einem Versicherungsabschluss alle Rabattmöglichkeiten prüfen

Prüfen Sie immer auch die Angebote im Internet. Möglicherweise gewähren einige Versicherungen ihren Kunden zusätzliche Rabatte, wenn eine Versicherung über das Internet gebucht wird. Dabei kann es sich um Festbeträge (Gutschrift) oder auch um prozentuale Rabatte handeln. Hierdurch ist eventuell ein vorher etwas teurerer Anbieter anschließend dann doch günstiger als der Mitbewerber. Oder Sie bekommen beim günstigsten Anbieter noch einen zusätzlichen Preisnachlass. Nach dem üblichen Vorgehen bei Versicherungsvergleichen (► Seite 65 ff., 89 ff.) sollten Sie daher diese Versicherungen nochmals online abfragen – die Einsparmöglichkeit beträgt oft fünf bis zehn Prozent! Wer keinen PC oder Internet-Anschluss daheim hat, kann auch auf ein Internet-Cafe (Stunde im Internet ab einem Euro) ausweichen oder Freunde um die Abfrage bitten.

Fragen Sie immer auch nach den günstigeren Tarifen für besondere Personengruppen, wenn Sie z.B. Mitglied in einem Autofahrerclub wie ÖAMTC oder ARBÖ sind – vielleicht können Sie durch diese Mitgliedschaft einen Rabatt erhalten.

Achten Sie aber auch darauf, ob die Versicherung absehbare Kostensteigerungen beinhaltet, z.B. durch eine Anpassung an die Inflation oder steigende Gesundheitskosten. Diese sollten Sie in Ihrer Haushaltsplanung und Ihren Überlegungen immer berücksichtigen. Ist Ihr Budget bereits jetzt sehr knapp, so wird sich diese Situation durch solche Kostensteigerungen eher verschlechtern und Sie müssen frühzeitig bei anderen Ausgaben sparen oder Ihre Einnahmen erhöhen.

Krankenversicherung

Eine Krankenversicherung benötigt jeder. In Österreich gibt es das System der Pflichtmitgliedschaft in der gesetzlichen Krankenversicherung, Ausnahme sind nur bestimmte Freiberufler - diese benötigen in jedem Fall eine private Krankenversicherung.

Höhere Leistungen wie Zwei- oder Einbettzimmer bei einem stationären Aufenthalt im Spital, Chefarztbehandlung, Kostenersatz für die Begleitperson eines erkrankten Kindes, etc. können durch eine private Krankenzusatzversicherung abgedeckt werden.

Bedarf regelmäßig prüfen

Private Zusatzversicherungen kosten eine Menge Geld und sollten daher regelmäßig auf ihren Nutzen überprüft werden. Ihre Lebensumstände ändern sich - passen Sie Ihre Kosten der neuen Situation an!

Prüfen Sie auch, ob sich durch die Vereinbarung eines Selbstbehaltes (diesen Betrag zahlen Sie immer selbst) die Beiträge nicht spürbar verringern lassen. Sinnvoll ist ein Selbstbehalt immer dann, wenn

Selbstbehalte senken oft deutlich die Versicherungsprämie

- Sie nicht mit hohen Krankheitskosten rechnen (etwa weil Sie noch jünger sind)
- Sie für einen Selbstbehalt ausreichende Reserven haben
- die jährliche Beitragsersparnis mindestens 50 Prozent des Selbstbehaltes ausmacht (Sie werden den Selbstbehalt vermutlich nicht jedes Jahr leisten müssen)

Preisvergleiche werden regelmäßig von Fachzeitschriften wie z.B. unserer Zeitschrift Konsument (▶ Seite 156, Adressteil) durchgeführt.

Haushaltsversicherung

Eine Haushaltsversicherung schützt Ihren Hausrat gegen Schäden durch Brand, Blitzschlag, Explosion, Einbruchdiebstahl, Raub, Vandalismus nach einem Einbruch, Leitungswasser, Sturm und Hagel. Oft ist auch eine Haftpflichtversicherung für Schäden, die Sie anderen zufügen, inkludiert. Eine Haushaltsversicherung ist insbesondere bei sehr geringem Wert des Hausrats möglicherweise verzichtbar, eine Haftpflichtversicherung dagegen nicht! Diese sollten Sie dann separat abschließen!

Bevor Sie eine Haushaltsversicherung abschließen, sollten Sie prüfen, welche Werte sich tatsächlich in Ihrer Wohnung befinden. Hierbei zählt nicht der Zeitwert (ein zwanzig Jahre altes Sofa hat einen Zeitwert von Null), sondern der Wiederbeschaffungswert. Vor fünf Jahren kostete z.B. der PC 1500 Euro, heute bekommt man ein besseres Modell bereits für 700 Euro – der Wiederbeschaffungswert für den Rechner beträgt damit nur 700 Euro.

Belege sammeln

TIPP

Sammeln Sie die Rechnungen von jeder Anschaffung und heben Sie diese auch nach Ablauf der Gewährleistungspflicht auf. Sie benötigen sie später vielleicht für die Versicherung, um Ihren Schaden nachzuweisen.

Wert der Wohnungseinrichtung und Versicherungssumme müssen übereinstimmen

Eine Versicherungssumme deutlich über dem Wert Ihrer Wohnungseinrichtung ist Geldverschwendung! Da Versicherungen aber an möglichst hohen Einnahmen und damit Versicherungswerten interessiert sind, haben sie die sogenannte Unterversicherung erfunden. Bei einer Versicherungssumme von 15.000 Euro und einem Wiederbeschaffungswert von 30.000 Euro liegt eine typische Unterversicherung vor. Geht Ihnen jetzt durch Blitzschlag der Fernseher für 500 Euro kaputt, so ersetzt Ihnen die Versicherung nur den anteiligen Wert der Unterversicherung. In unserem Beispiel beträgt diese fünfzig Prozent, Sie erhalten also nur 250 Euro.

Die Versicherung verzichtet auf die Einrede der Unterversicherung, wenn Sie einen Vertrag mit Unterversicherungsverzicht abschließen. Dafür müssen Sie meist eine Wertsicherungsanpassungsklausel unterzeichnen.

Rabatte durch lange Verträge und Selbstbehalte (Stichwort Dauerrabatt)
Sie erhalten zum Teil einen zusätzlichen Rabatt von zwanzig Prozent, wenn Sie z.B. einen Vertrag für zehn Jahre abschließen. Dies geht jedoch zu Lasten Ihrer Flexibilität. Entscheiden Sie sich trotzdem dafür, sollten Sie frühzeitig vor Vertragsablauf von anderen Versicherungen Vergleichsangebote einholen, um erneut den preisgünstigsten Anbieter auswählen zu können (Achtung: Auch die Leistungen können sich inzwischen stark verändert haben!). Kosten können Sie aber auch durch vereinbarte Selbstbehalte sparen – prüfen Sie, welche Schadenshöhe Sie selbst tragen können und wie stark Ihre Prämie dadurch sinkt.

Leistungsumfang prüfen

TIPP

Prüfen Sie, welche Schäden die Versicherung mit abdeckt. Beim Einschluss von Überspannungsschäden können Sie sich oft eine separate Elektronik-Versicherung sparen, beim Einschluss von Fahrrädern (Wertgrenze beachten) zum Teil auch eine eigene Fahrradversicherung.

Private Haftpflichtversicherung

Haftpflichtschäden können leicht zu einem existenziellen Risiko werden

Eine private Haftpflichtversicherung ist aus unserer Sicht ein absolutes Muss und zu Recht wird sie daher in Österreich oft als Bestandteil der Haushaltsversicherung angeboten. Sie sichern sich damit gegen Personen- und Sachschäden ab, die Sie einem anderen zufügen und ansonsten aus Ihrem Vermögen oder Ihrem zukünftigen Einkommen bezahlen müssten. Hier geht es uns nicht um Bagatellschäden wie eine zerbrochene Vase, sondern um Schäden bis zur Millionenhöhe (z.B. Schadenersatz bei Fahrradunfall mit Personenschaden oder Wasserschaden in Ihrer Wohnung, der zu einer Überschwemmung bei Wohnungsnachbarn führt). Prüfen Sie, ob die in Ihrer Haushaltsversicherung angegebene Versicherungssumme für Haftpflichtschäden ausreichend ist – wenn nicht, macht eine zusätzliche separate Versicherung Sinn.

Preisvergleiche sollten Sie mit einer Definition der Versicherungssumme (unbegrenzt oder möglichst hoch) anstellen. Diese werden zum Teil auch in Fachzeitschriften wie unserem Testmagazin „Konsument" regelmäßig veröffentlicht. Eine Haftpflichtversicherung, die bis zu 1.500.000 Euro leistet, kostete im Herbst 2008 bei einem günstigen österreichischen Versicherer rund 70 Euro Jahresprämie. Scheuen Sie aber auch nicht den Blick über die Grenzen.

Nutzen Sie Angebote zur kostenlosen Mitversicherung von Angehörigen

Viele Versicherungen umfassen auch die kostenlose Mitversicherung des Ehepartners, der Kinder oder des in der Wohnung lebenden Lebensgefährten, sofern diese der Versicherung gemeldet sind. Falls Sie mit Ihrem Lebenspartner zusammenziehen und auch dieser eine Haftpflichtversicherung hat, können Sie (vorher Versicherungsbedingungen prüfen!) eine der beiden Versicherungen kündigen bzw. brauchen keine weitere abzuschließen.

Berufsunfähigkeitsversicherung

Auch eine Berufsunfähigkeitsversicherung ist ein sinnvolles Produkt – insbesondere in jungen Jahren, wenn man noch keine ausreichende Möglichkeit hatte, durch Sparen vorzusorgen.

Kritisch ist immer die Fragestellung, wann eine Berufsunfähigkeitsversicherung greift. Das größte Problem dieser Versicherungen ist die sogenannte Verweisung. Damit ist gemeint, dass der Versicherer im Schadensfall die Leistung mit der Begründung verweigern kann, dass man zwar nicht mehr in seinem angestammten, wohl aber in einem anderen Beruf arbeiten könnte. Dabei wird zwischen abstrakter und konkreter Verweisung unterschieden.

Bei der abstrakten Verweisung ist es für die Versicherungsgesellschaft ausreichend nachzuweisen, dass man theoretisch in einem anderen Beruf arbeiten könnte. Typische Beispiele: Der berufsunfähige Maurer wird darauf verwiesen, noch in einem Baumarkt als Verkäufer arbeiten zu können; die frühere

Friseuse könnte es noch als Telefonistin versuchen. Dabei ist völlig unerheblich, ob überhaupt Aussicht besteht, einen solchen neuen Job zu bekommen. In Zeiten hoher Arbeitslosigkeit erscheint dies kaum akzeptabel. Bei der konkreten Verweisung dagegen darf der Versicherer die vereinbarte Leistung nur verweigern, wenn man tatsächlich einen neuen Job ausübt, der auch der bisherigen Lebensstellung entspricht.

Leistungen kritisch prüfen

TIPP

Vor einem Vertragsabschluß (nach Preisvergleich mit mindestens drei Anbietern) müssen Sie unbedingt prüfen:

- Handelt es sich um einen Vertrag mit abstrakter oder konkreter Verweisung?
- Was versteht die Versicherung unter Ihrer konkreten bisherigen Lebensstellung? Welche Berufsfelder sind für Ihren konkreten Fall darunter zu verstehen? Was ist zumutbar?
- Bei welchen Beeinträchtigungen können Sie von Ihrer Versicherung als berufsunfähig anerkannt werden?

Kredittilgung, dauernde Lasten

Rückzahlung von Schulden hat in der Haushaltsführung höchste Priorität

„Kredittilgung mit so hoher Priorität in meiner Ausgabenliste, das kann doch nicht sein!“ werden einige Leser stirnrunzelnd sagen. Wir müssen antworten: Leider ist die Priorität nicht höher. Eigentlich sollte die Rückzahlung von Schulden höchste Priorität haben, aber einige Ausgaben zur Erzielung von Einkommen und zur Lebenserhaltung haben natürlich Vorrang.

Warum ist die Tilgung von Schulden so wichtig? Weil der Gläubiger – Ihr Kreditgeber – Schulden nach Fälligkeit ohne vorherige Mahnung auch gerichtlich einklagen kann. Die Kosten für jeden weiteren Schritt ab Fälligkeit der Schulden, d.h. für die Verzinsung des fälligen Betrages, für einen Anwalt des Gläubigers, etc. trägt der säumige Schuldner. Jede Überschreitung der vereinbarten Zahlungsziele kann damit sehr teuer werden.

Pünktlich zahlen

TIPP

Haben Sie Geldschulden, achten Sie besonders auf die fristgerechte Bezahlung. Neben hohen Kosten droht sonst auch eine Verschlechterung der Kreditbonität und damit Ihres finanziellen Spielraums bei unvermeidbaren Engpässen. Denken Sie nur an die berühmten „Schwarzen Listen", die der KSV von 1870 (Kreditschutzverband) für die Banken führt.

Unter den im Titel erwähnten dauernden Lasten verstehen wir hier alle festen Verpflichtungen, denen Sie sich nicht entziehen können, selbst wenn Sie es wollten. Dazu gehören z.B. Unterhalt für

- Kinder
- frühere Ehegatten
- andere abhängige Personen (z.B. Eltern, die kostspielige Pflege brauchen)

Es versteht sich von selbst, dass auch solche Ausgaben vor einem Kinobesuch oder einem teuren Essen kommen müssen.

Telefon

Telefonkosten sind auch eine Frage von Bedürfnissen und Gewohnheiten

Ein Telefon zählt für uns zu den unverzichtbaren Ausgaben. Sie benötigen es nicht nur für die wichtigen sozialen Kontakte, sondern auch zur Erreichbarkeit durch Ihren Arbeitgeber (z.B. kurzfristige Änderung der Schichtpläne) oder von Geschäftsfreunden. Die Kosten variieren jedoch stark, abhängig von Ihren Bedürfnissen und Gewohnheiten einerseits und den Anbietern andererseits. Sie sollten daher zuerst einmal Ihr Telefonverhalten prüfen:

- Wie viele Gespräche führen Sie durchschnittlich im Monat national und ins Ausland – wenn möglich auch nach den Zeitkategorien Ihrer Telefongesellschaft (tagsüber, nachts, Wochenende, etc.)? Diese Informationen ersehen Sie im Regelfall aus Ihrer Telefonrechnung.
- Wie lang sind Ihre Gespräche im Durchschnitt? Teilen Sie

bei den Angaben Ihrer Telefonrechnung die Anzahl der Einheiten innerhalb jeder Kategorie durch die Anzahl der Gespräche.
- Haben Sie Lieblingsgesprächspartner, auf die ein Großteil Ihrer Telefongebühren entfällt?
- Wie hoch ist bei ihrem momentanen Tarif die Grundgebühr?

Diese Analyse sollten Sie übrigens nicht nur einmalig, sondern regelmäßig alle ein bis zwei Jahre durchführen, da sich die Angebote der Telefongesellschaften rasch ändern. Der späteste Zeitpunkt für einen Check ist, wenn sich Ihr Telefonverhalten wesentlich ändert.

Verändert sich Ihr Telefonverhalten, überprüfen Sie Ihren Vertrag

Festnetzanschluss

Ein Festnetzanschluss gehört häufig noch zur Standardeinrichtung einer Wohnung, sichert er doch die Erreichbarkeit ab. Immer mehr wird er jedoch durch das Handy verdrängt. Die Kosten unterteilen sich in Grundgebühr (fixe Kosten je Monat) und Telefongebühren (variabel). Achten Sie nicht nur auf die Kosten der Telefonate, sondern auch auf die Höhe der Grundgebühr! Diese fällt nämlich auch in Monaten an, in denen Sie das Telefon nicht oder kaum nutzen. Das gilt auch für Zusatzangebote in Verbindung mit einer höheren Grundgebühr. Hier sollten Sie für sich prüfen, ob sich ein solches Angebot auch im Jahresverlauf rechnet.

Dazu ein Rechenbeispiel: Ein Telefonanbieter ermöglicht kostenloses Telefonieren am Wochenende für eine um fünf Euro höhere Grundgebühr. Ohne diese höhere Grundgebühr beträgt der Minutenpreis am Wochenende 0,03 Euro.
- Berechnen Sie, ab wie vielen Minuten Sie mit der erhöhten Grundgebühr günstiger fahren: 5 Euro : 0,03 Euro = 166,66 Minuten = 2 Stunden und 46 Minuten
- Prüfen Sie, ob Sie mit Ihrem Anrufverhalten diese Zeit überhaupt erreichen. Vergleichen Sie diese Zeitspanne mit Ihren Daten für das Telefonieren am Wochenende oder

den Einträgen für den Wochenendtarif in Ihrer Telefonrechnung.
- Berücksichtigen Sie die Nichtnutzung Ihres Telefons im Jahresverlauf.

Bedenken Sie, dass die höhere Grundgebühr jeden Monat anfällt. An einigen Wochenenden im Jahr (Urlaub, Besuch bei Freunden, etc.) sind Sie jedoch nicht zu Hause und können gar nicht so viel telefonieren. Überprüfen Sie, ob die höhere Grundgebühr bei Berücksichtigung dieser Abwesenheitszeiten immer noch günstiger ist.

Teure Dienste meiden

TIPP

Telefonauskunftsdienste sind teuer – aber zumindest gibt es hier inzwischen etwas Wettbewerb. Wenn Sie solche Dienste häufiger benötigen und auch einen PC haben, können Sie den Großteil der Kosten durch die Nutzung der Telefonbücher im Internet vermeiden. Falls Sie einen Auskunftsdienst nutzen, lassen Sie sich von diesem nicht direkt weiter verbinden, denn dafür werden zusätzliche Gebühren fällig.

Vorsicht bei kostenpflichtigen Faxabrufen!

Sie haben ein Faxgerät und interessieren sich für einen aktuellen Preisvergleich? Kein Problem, mit nur 1,24 Euro die Minute für einen Faxabruf sind Sie dabei! Dies jedoch will gut überlegt sein, da Sie nur den Minutenpreis kennen. Kommt eine höhere Seitenanzahl per Fax ins Haus, wird dies schnell zum teuren Vergnügen. Für zehn Minuten bezahlen Sie bereits 12,40 Euro und wissen vorher noch gar nicht, ob die übermittelten Informationen für Sie auch geeignet sind. Verzichten Sie lieber auf diese Informationsquelle und informieren Sie sich über andere Medien.

Call-by-Call und Preselektion

Sie haben für Ihr Telefonierverhalten den insgesamt günstigsten Anbieter ausgewählt. Trotzdem gibt es Telefonate, die Sie bei einem anderen Anbieter günstiger führen könnten (z.B. Auslandsgespräche tagsüber). Hier können Sie das Call-by-Call-

Verfahren (Anruf für Anruf-Verfahren) wählen. Durch die Nutzung einer zusätzlichen Vorwahl dieses Anbieters, die Sie vor jedem Telefonat eingeben müssen, nutzen Sie nur für das aktuelle Gespräch diesen anderen Anbieter. Die jeweiligen Nummern und Konditionen erfahren Sie in der Regel aus der aktuellen Werbung.

Nachteil an dem Verfahren ist, dass Sie die gesamten Kosten dieses Anbieters mit Zeitverzug erst bei Ihrer nächsten oder übernächsten Telefonrechnung sehen. Der Überblick über Ihre Kosten wird dadurch etwas schwieriger.

Sie können sich aber auch bei In- und Auslandsgesprächen die etwas umständliche Eingabe der Anbieterkennung ersparen, wenn Sie das Preselection-Verfahren wählen. Preselection bedeutet, dass Sie mit allen Gesprächen zum neuen Anbieter wechseln. Das lohnt sich immer, wenn der neue Anbieter bezogen auf Ihr Anrufverhalten insgesamt günstiger ist. Das Call-by-Call-Verfahren können Sie jedoch weiterhin nutzen, um von besonderen Angeboten noch günstigerer Anbieter zu profitieren.

Gewinnspiele und Umfragen meiden

Gewinnspiele und Meinungsumfragen sind meist Kostenfallen

Immer wieder werden Gewinnspiele beworben, an denen Sie mit nur einem kostenpflichtigen Anruf teilnehmen können. Einfach die Nummer gewählt und schon sind Sie dabei. Aber Vorsicht: Hier zahlen Sie für jedes Telefonat, auch wenn die Leitung besetzt ist. Aber auch sonst kann man von diesen Gewinnspielen, die sich durch einfach(st)e Fragen, kleinen Geldeinsatz und hohe versprochene Gewinne auszeichnen, nur abraten. Sie lohnen sich nur für den Anbieter, der mit jedem hoffnungsfrohen Anruf über diese teuren Mehrwertnummern kassiert.

Und was ist mit den Umfragen? Diese sind nie repräsentativ und haben damit keinen wissenschaftlichen Wert. Ihre einzige Bedeutung ist, dass sie dem Anbieter Einnahmen bringen. Für Sie bringen solche Umfragen allenfalls die Gelegenheit für eine kurze Meinungsäußerung – da ist der Protest am Stammtisch zumindest kommunikativer und damit vorzuziehen.

Einzelverbindungsnachweis
Mit einem Einzelverbindungsnachweis können Sie Unregelmäßigkeiten in der Telefonabrechnung erkennen.

Doubletten. Ein gleiches Telefongespräch erscheint zeitgleich oder leicht zeitversetzt zweimal.

Nullsekundengespräch. Es erscheinen Kosten, obwohl keine Verbindung zustande gekommen ist.

Undokumentierte Verbindungen. Es erscheinen Kosten ohne Zielrufnummer oder Verbindungszeit.

Einzelverbindungsnachweis hilft, eigenes Anrufverhalten zu überprüfen

Daneben kann Ihnen die Einzelaufstellung helfen, Ihr Anrufverhalten leichter zu prüfen und damit eher einen günstigeren Anbieter zu finden. Haben Sie Zweifel an der Richtigkeit Ihrer Telefonrechnung, können Sie sich an die Rundfunk- und Telekom-Regulierungs GmbH (RTR, www.rtr.at) wenden.

Handy

Noch vor wenigen Jahren hatte und brauchte es niemand, inzwischen liegt ein Handy praktisch in jeder Tasche. Die ständige Erreichbarkeit ist bequem und modern, aber auch ein zum Teil hoher Kostenblock. Erschwerend kommt hinzu, dass die Kosten je nach Tarif und Anbieter stark schwanken.

Handy-Verträge laufen in der Regel über zwei Jahre und verlängern sich um jeweils ein weiteres Jahr, wenn sie nicht fristgerecht gekündigt werden. Meistens sind die Anbieter bei einer Verlängerung bereit, ein neues Handy oder ein Gesprächsguthaben anzubieten, falls man sie im Vorhinein darauf anspricht. Damit Sie den Kündigungstermin nicht versäumen (einzutragen wie üblich im Haushaltsplan) können Sie den Vertrag auch kurz nach dem Vertragsabschluss wieder kündigen. Das spätere Verlängern ist bestimmt kein Problem – aber erst nach erneutem Preisvergleich!

Lieblingsnummer nutzen

TIPP

Haben Sie bei der Analyse Ihres Telefonverhaltens festgestellt, dass Sie hauptsächlich eine oder wenige Telefonnummer anwählen, so kommt für Sie vielleicht ein Anbieter mit kostenlosen oder billigen Lieblingsnummern in Frage.

Roaming-Kosten begrenzen

Hohe Kostenbelastung durch Roaming-Gebühren im Ausland

Bei Telefonaten im Ausland zahlen Sie zusätzlich die sogenannte Roaming-Gebühr, und zwar auch dann, wenn Sie angerufen werden. Noch teurer wird es bei Anrufen auf Ihrer Mailbox (dem Anrufbeantworter). Hier fallen Roaming-Gebühren ins Ausland und von dort zurück zur österreichischen Mailbox an. Auch beim Abhören Ihrer Mailbox werden Sie zusätzlich mit Roaming-Gebühren belastet. Verwenden Sie das Handy im Ausland daher nur kurz und für die wichtigsten Telefonate und schalten Sie Ihre Mailbox aus. Oft ist es günstiger, vom nächsten Festnetzanschluss zurückzurufen, als längere Roaming-Gespräche zu führen. Oder Sie kaufen sich gleich vor Ort eine preisgünstige SIM-Karte mit Guthaben.

Prepaid-Handy

TIPP

Für diejenigen mit nur geringem Budget und doch dem Wunsch oder der Notwendigkeit der Erreichbarkeit kommt auch ein Handy mit einer Guthabenkarte in Frage. Hier haben Sie die Telefonkosten wesentlich besser unter Kontrolle und können nicht nachträglich durch hohe Rechnungen überrascht werden.

Internetanschluss

Sie haben einen Computer und nutzen das Internet für Informationssuche, Preisvergleiche, Online-Banking, usw.? Hierdurch sparen Sie monatlich Geld, auf der anderen Seite bezahlen Sie jedoch auch über Ihre Telefonrechnung für die Nutzung des Internets. Über die Auswahl des richtigen Providers (Anbieter des Internet-Zugangs) wollen Sie Geld sparen, haben jedoch aufgrund der komplizierten Tarife einer Vielzahl von Anbietern keinen richtigen Überblick?

Kalkulierbare Preise bevorzugen

Tarife mit festen Minutenpreisen, möglichst noch mit sekundengenauer Abrechnung, sind kalkulierbar. Oft werden aber auch Tarife angeboten, die auf dem bewegten Datenvolumen basieren. Diese können Sie im Vorhinein nicht berechnen, da Sie nicht wissen, welches Datenvolumen die herunter geladenen Bilder oder Filmsequenzen haben.

Zuerst Internet-Verhalten prüfen, dann Vertrag abschließen

Vielnutzer des Internets sollten überlegen, ob Sie sich einen DSL-Anschluss zulegen. Dieser ermöglicht wesentlich höhere Übertragungsraten als dies bei einem herkömmlichen (analogen) oder ISDN-Telefonanschluss möglich ist. Dadurch werden im Internet die Seiten schneller aufgebaut bzw. ist das Herunterladen (Download) von Dateien schneller und damit billiger. Aber auch dieses Thema ist natürlich wieder recht komplex:

- Ein asymmetrischer DSL-Anschluß (ADSL) bedeutet, dass Sie mehr Daten empfangen als senden, was im Normalfall für Privathaushalte völlig ausreichend ist.
- Bei einem symmetrischen DSL-Anschluß (SDSL) sind die Datenmengen beim Empfangen und Senden weitgehend identisch.

Daneben gibt es noch eine Vielzahl von Tarifen zu beachten:

- Für Vielnutzer eignet sich meist ein hoher Grundpreis, der eine zeitlich unbeschränkte Nutzung ermöglicht (Flatrate).
- Für andere gibt es viele Variationen bei der Höhe des Grundpreises mit einem zeit- oder datenabhängigen Entgelt (z.B. Grundentgelt von 10 Euro für 2 Stunden Internet oder ein Datenvolumen von 1 Gigabyte, etc.).
- Internet mittels roaming, z.B. die Nutzung des Internets im Ausland über das Handy, sollten Sie strikt meiden! Hier haben Sie keine Kostenkontrolle und werden leicht von sehr hohen Rechnungen überrascht.

Sie sollten also vor einer Entscheidung immer erst Ihr persönliches Nutzungsprofil überlegen und erst danach einen Preisvergleich beginnen.

Preisinformationen zu allen Anbietern finden Sie auch unter www.tarife-check.at bzw. auf www.arbeiterkammer.at (>Telefon).

Kleidung

Die Einschätzungen, was Kleidung anlangt, könnten im Vergleich zwischen Männern und Frauen kaum unterschiedlicher sein. Hier geht es daher auch nicht um die Frage nach der zwingenden Notwendigkeit von zwanzig Paar oder nur zwei Paar Schuhen. Als Grundbedürfnis haben Sie wie auch wir in jedem Fall:

- einen Grundstock an witterungsabhängiger Bekleidung
- bei einigen Berufen auch eine berufbedingte Notwendigkeit für zusätzliche Kleidung

Nutzen Sie die Sonderverkäufe von Händlern und natürlich auch den Sommer- und Winterschlussverkauf, um im Vergleich zu den üblichen Preisen etwas Geld zu sparen. Aber Vorsicht, nicht jeder Sonderpreis ist auch ein preiswertes Schnäppchen:

Nicht jeder Preisnachlass macht eine Ware zum Schnäppchen

- Manche Händler kaufen für diese Sonderaktionen noch immer extra qualitativ mindere Ware ein. Die Sonderpreise sind daher nicht (immer) mit den normalen Preisen vergleichbar. Prüfen Sie die Qualität.
- Einige Händler ködern die Kunden mit vollmundigen Rabattversprechen: Preisnachlass 60 Prozent. Dies kann auch daran liegen, dass die Preise vorher überhöht ausgezeichnet wurden oder sich der Händler auf die auch sonst nicht berücksichtigte Herstellerempfehlung bezieht. Daher sollte Sie auch ein hoher Preisnachlass nicht vom Preisvergleich mit anderen Geschäften abhalten.

Second-hand und Outlet

Was halten Sie von Second-hand-Ware? In allen größeren Städten gibt es Geschäfte, die sich auf hochwertige getragene Kleidung spezialisiert haben. Oft ist diese nur wenig getragen und selbstverständlich auch gereinigt. Häufig erhalten Sie diese Ware mit einem hohen Abschlag von 50 bis 60 Prozent auf den Neupreis – dadurch kann auch Designer-Kleidung erschwinglich werden.

Vorsicht bei Kollektionen des Vorjahres und Waren mit Mängeln

Oder darf es ein Besuch im Outlet-Store sein? Hierbei handelt es sich um einen Fabrikverkauf der Hersteller, der jedoch längst nicht mehr nur in der Fabrik stattfindet. Aber Vorsicht: Es kommt vor, dass Ihnen hier Ware mit Mängeln (zweite Wahl) oder aus der Kollektion des Vorjahres angeboten wird. Damit erklärt sich auch der Preisnachlass und von einem Schnäppchen kann keine Rede mehr sein (Adressen zum Fabrikverkauf finden Sie im Internet).

Mehr Einkaufsfreude nach einer möglicherweise langen Fahrt haben Sie, wenn Sie folgende Anregungen prüfen:

- Oft sind die Anfahrtswege relativ weit und mit Kosten (Treibstoff) verbunden. Dies führt dazu, dass Sie bei nur kleinen Einkäufen unter Einrechnung dieser Kosten oft draufzahlen. Dies sollte und darf Sie jedoch nicht zu regelrechten Hamsterkäufen verleiten. Legen Sie vorher fest, was Sie einkaufen wollen.
- Im Fabrikverkauf haben Sie oft keine oder wenig Beratung und keine Möglichkeit zu Preisvergleichen. Planen Sie Ihren Einkauf und holen Sie vorher Preisvergleiche für die gewünschten Waren ein.
- Rufen Sie vorher an und fragen Sie nach, ob die gewünschten Waren (in der richtigen Größe) vorrätig sind, und zu welchem Preis. Eine lange Fahrt und dann sind die gewünschten Waren gar nicht da – das verleitet zu Frustkäufen.
- Achten Sie darauf, ob die Ware vom Umtausch ausgeschlossen ist. Dies ist ein Zeichen für Ware mit Mängeln! Lassen Sie sich diese zeigen und prüfen Sie, ob der Preis dann noch günstig ist.

- Legen Sie vor dem Einkauf ein Limit für die gewünschten Waren und vor allem für den Gesamteinkauf fest. Sie kommen hier in besondere Kaufsituationen mit vielen Schnäppchenjägern, die auch Ihre Kauflust emotional fördern können.

Wohnungseinrichtung

Sie ziehen um in eine neue oder größere Wohnung? Dann denken Sie vielleicht auch an eine neue Wohnungseinrichtung. Das beginnt in der Regel mit der Küche, geht über das Bad und endet im Wohn- oder Schlafzimmer. Häufig genug werden diese Kosten unterschätzt. Ein ungeplanter Einkauf reißt hier leicht tiefe Löcher in das verfügbare Budget.

Sukzessiver Kauf schont Budget und schafft Lebensfreude

Insbesondere bei engem Budget (Sie stehen noch am Berufsanfang und konnten bisher keine Rücklagen bilden; der Großteil Ihrer Einnahmen ist für Zinsen und Tilgung der Eigentumswohnung verplant) ist es wichtig, nicht alle gewünschten Anschaffungen sofort zu tätigen. Nehmen Sie sich lieber Zeit und kaufen Sie die benötigten Einrichtungsgegenstände nach und nach. Das schont nicht nur Ihr Budget, sondern führt oft auch zu mehr Lebens- bzw. Einrichtungsfreude. Erstellen Sie eine Liste der benötigten Möbel und versehen Sie diese mit einer Priorität. Lassen Sie sich nicht von den Angeboten der Möbelhäuser (später bezahlen - keine Zinsen) blenden. Entweder wurden die Zinskosten bereits vorher in den Preis eingerechnet oder dienen dem Abverkauf der Ware. Derartige Angebote finden Sie zu jeder Jahreszeit!

Lassen Sie sich durch nur kurzzeitig geltende Sonderangebote nicht in Zugzwang bringen! Die Händler wollen Sie damit nur zu einer schnellen Kaufentscheidung drängen und den Umsatz für sich verbuchen. Machen Sie immer eigene Preisvergleiche: Hat der Mitbewerber auch Sonderangebote? Ist er eventuell billiger, weil er immer mit einer niedrigeren Gewinnspanne kalkuliert? Nehmen Sie sich ausreichend Zeit für eine überlegte Kaufentscheidung und unterschreiben Sie keinen

Vertrag ohne Überlegensphase - einmal darüber schlafen und durchkalkulieren. Heute kaufen - im nächsten Jahr bezahlen? Das ist Konsum auf Kredit und gehört damit zu den Todsünden des Haushaltens (► Seite 116).

Bei einigen hochwertigen Einrichtungsgegenständen wie exklusiven Möbeln hat der Hersteller den Markt der Händler durch Gebietsmonopole aufgeteilt. Sie haben dadurch nur einen sehr eingeschränkten Spielraum bei Preisverhandlungen. Oft ist es aber so, dass der Hersteller auch an Innenarchitekten liefert und diesen einen Preisnachlass von fünfzehn bis zwanzig Prozent gewährt. Hier können Sie mit Ihrem Inneneinrichter besprechen, ob er Ihnen die bereits genau spezifizierten Waren bestellt und Ihnen einen Teil des Rabatts weiterreicht. Die Lieferung und der Aufbau sollten aber im Preis bereits enthalten sein.

Skonto und Internetsuche

Skonto lohnt sich immer

Bietet Ihnen ein Unternehmer Skonto an? Das ist ein zusätzlicher Rabatt für vorzeitige Bezahlung der Rechnung. Sie erkennen dies bei Rechnungen an einem Vermerk meist in der Nähe des Endbetrages, der z.B. lautet: 2 Prozent Skonto bei Zahlung innerhalb von 30 Tagen. Die Berücksichtigung von Skonto bei der Bezahlung lohnt sich für Sie immer, wie wir mit folgendem kleinen Beispiel zeigen möchten:

30 Tage = 2 Prozent Skonto
360 Tage = ? Prozent Skonto

Dies ergibt:
? Prozent = 360 Tage x 2 Prozent : 30 Tage = 24 Prozent

Der Abzug von zwei Prozent innerhalb von 30 Tagen entspricht also einem Zinssatz von 24 Prozent im Jahr. Selbst wenn Sie für die Bezahlung kurzfristig (!) Schulden aufnehmen müssten, hätten Sie noch eine ordentliche Ersparnis vorzuweisen.

Preisagenturen

Sie können sich bei der Suche nach dem günstigsten Kauf auch einer professionellen Preisagentur bedienen. Diese arbeiten nicht nur bei hochwertigen und teuren Erzeugnissen, sondern oft schon ab einem Warenwert von 100 bis 300 Euro! Die Adressen einiger Preisagenturen finden Sie in unserem Adressteil (▶ Seite 148 ff.). Beachten Sie folgende Hinweise:

Genaue Produktvorstellung. Bevor Sie eine Preisagentur kontaktieren, müssen Sie genau wissen, welches Produkt Sie haben möchten. Nur so können Sie sicherstellen, dass Sie auch die gewünschte Ware angeboten bekommen.

Agentur oder Händler? Diese Fragestellung ist relevant für die Gewährleistung, die Sie immer nur vom Händler oder vom Hersteller bekommen. Häufig tarnen sich auch Händler als Preisagenturen, vermarkten jedoch eigene Produkte.

Auch Preisagenturen haben Geschäftsbedingungen

Geschäftsbedingungen der Preisagentur. Fragen Sie vor dem Auftrag nach den genauen Bedingungen der Preisagentur, da sich diese zum Teil stark unterscheiden. Diese Unterschiede können liegen bei:

- Untergrenze beim Warenwert.
- Feste Vermittlungsgebühr oder prozentualer Anteil an Ihrer Ersparnis. Diese sollte aber nur im Erfolgsfall eines Vermittlungsnachweises fällig werden. Ob Sie wirklich kaufen, wird hier in der Regel keine Rolle spielen.
- Region des Preisvergleichs. Wird der Preisvergleich in Ihrer Umgebung durchführt oder bundesweit? Im letzteren Fall ist natürlich wichtig, ob eine Anlieferung auch erfolgt und im Preis bereits berücksichtigt ist. Was nützt dem Vorarlberger ein um zehn Euro preiswerterer Drucker in Wien, wenn er ihn selbst abholen muss oder für den Versand 15 Euro berechnet werden?

Geduld für Recherchezeit. Geben Sie der Preisagentur (immer nur eine beauftragen, sonst bezahlen Sie eventuell mehrfach

Provision) etwas Zeit für die Suche – dies erhöht die Chance auf bessere Preise.

Angebote sichern. Achten Sie darauf, dass Ihnen Ihr günstigster Händler die Ware für diesen Zeitraum auch reserviert. Sonst findet die Agentur möglicherweise kein besseres Angebot und Ihr Händler ist bereits ausverkauft.

Eigene Recherche als Vergleichsgröße nennen

Eigenes Suchergebnis als Vergleichsgröße. In der Regel bezahlen Sie für den Nachweis eines günstigeren Kaufs eine Provision von dreißig Prozent Ihrer Ersparnis. Sie haben jedoch bereits in drei bis vier Geschäften Ihrer direkten Umgebung eigene Preisvergleiche angestellt und Rabatte auf den empfohlenen Herstellerpreis angeboten bekommen. Nennen Sie diesen Preis und den Namen des Händlers der Preisagentur. Diese soll Ihnen ja einen günstigeren Preis im Vergleich zu ihren bisherigen Angeboten nennen und nur dafür Provision erhalten. Ansonsten kann es Ihnen passieren, dass die Preisagentur die Herstellerempfehlung oder den höchsten Preis als Vergleichsgröße für die Ersparnis nimmt. Die Provision der Agentur kann dann höher sein als der zusätzliche Sparvorteil.

Kontrolle. Vertrauen ist gut, Kontrolle ist besser!
- Stimmen alle Angaben des Angebots mit Ihren Vorgaben überein?
- Ist die Lieferung im Preis inbegriffen?
- Können Sie die Ware auch bestellen oder ist sie schon verkauft?

Rückgabe möglich. Nach dem Gesetz steht Ihnen bei Internet-Käufen eine kostenfreie Rückgabe innerhalb von 14 Tagen zu. Damit Sie nicht die Kosten hierfür tragen müssen, sollten Sie bei Käufen über das Internet einen Rücksendeschein fordern.

Daneben zählt natürlich auch noch, ob ein eventuell nur geringer Preisvorteil bei möglichen Reklamationen (langwieriger Postversand) nicht überkompensiert wird. Das ist auch dann der Fall, wenn Ihr Händler vor Ort eine Einschulung in die Finessen der neuen Wasch-, Geschirrspül- oder Nähmaschine mit anbietet oder auch bei zwischenzeitlichen Fragen kostenlos zur Verfügung steht. Wie sagt man so schön: Auch Sparen hat seinen Preis!

Preisdatenbanken

Eine weitere Hilfestellung, jedoch ausschließlich im Internet, bieten Preisdatenbanken. Diese durchsuchen die Internet-Angebote von Händlern nach den günstigsten Preisen. Darauf müssen Sie achten:

Preisdatenbanken arbeiten ausschließlich im Internet

Genaue Produktvorstellung. Hier gilt dasselbe wie bei den Preisagenturen (► Seite 81).

Mehrere Preisdatenbanken abfragen. Preisdatenbanken arbeiten unterschiedlich gut. Um wirklich den besten Preis zu bekommen, sollten Sie Ihre Anfrage bei mehreren Datenbanken starten. Diese verweisen dann zumeist auf die Händlerseiten im Internet. Kontrollieren Sie bitte immer die Händlerangaben, da nur diese gelten. Für ein fehlerhaftes Suchergebnis können Sie weder Händler noch Preisdatenbank verantwortlich machen.

Eigenes Suchergebnis als Vergleichsgröße. Ein Preisvergleich nur mit der unverbindlichen Preisempfehlung des Herstellers ist wenig sinnvoll, da Sie vom Händler vor Ort oft auch Service erhalten. Auch können Sie von diesem die Ware meist kurzfristig bekommen, bei räumlich entfernten Händlern über die Suchdatenbank müssen Sie Lieferzeiten zwischen drei Tagen und zwei Wochen mit einkalkulieren.

Konditionen prüfen. Etliche Preisdatenbanken beziehen eventuelle Lieferkosten nicht in den Preisvergleich mit ein. Diese müssen Sie beim Händler (z.B. auf dessen Internetseiten) erfragen und in Ihren Preisvergleich mit einbeziehen. Ansonsten kaufen Sie teurer als vor Ort und verzichten auch noch auf einen eventuellen zusätzlichen Service.

Rückgabe möglich. Auch hier steht Ihnen nach dem Gesetz bei Internet-Käufen eine kostenfreie Rückgabe innerhalb von 14 Tagen zu. Damit Sie nicht die Kosten hierfür tragen müssen, sollten Sie einen Rücksendeschein fordern.

Die Links zu einigen Preisdatenbanken finden Sie in unserem Serviceteil (► Seite 148 ff.).

Internet ohne Grenzen

TIPP

Wenn Sie sich für ein Produkt entschieden haben, fragen Sie nicht nur die Homepage in Österreich (.at) ab, sondern auch die der angrenzenden Länder. Manche Hersteller verkaufen Ihre Waren über der Grenze erheblich billiger. Hier lohnt es sich, über Verwandte oder Freunde vor Ort zu bestellen und die Waren zusenden zu lassen.

Absehbare Reparaturen und Ersatzanschaffungen

Kennen Sie nicht auch den Schrecken jedes Haushalts: Plötzlich geht die Waschmaschine, der Fernseher, das Auto kaputt? Gerade bei den teureren Gerätschaften wird das Budget dann direkt (und sehr kurzfristig) mit relativ hohen – und vor allem ungeplanten – Ausgaben belastet.

Viele Reparaturen sind zeitlich absehbar

Das muss nicht sein, zumindest nicht in dieser Höhe! Häufig genug kündigen sich größere Reparaturen und Ersatzanschaffungen schon früher an – das deutlichste Anzeichen ist das Alter von Geräten. Nehmen wir einmal an, Ihr Fernseher hatte beim damaligen Kauf eine durchschnittliche Lebenserwartung von zehn Jahren. Das liegt jetzt bereits sieben Jahre zurück. Sie sollten sich also darauf einstellen, dass Sie in spätestens drei Jahren einen neuen Fernseher benötigen. Sollte er noch etwas länger halten, so ist dies natürlich auch kein Problem, nur finanziell rechnen sollten Sie nicht damit.

Ein weiteres Anzeichen sind natürlich auch leichte Störungen in der Funktionsfähigkeit, die Sie bisher noch mit einfachen Mitteln selbst beheben konnten. Sie sollten aber natürlich Vorsorge treffen, dass immer mehr und häufigere Schäden auftreten können. Dann ist eventuell ein Neukauf sogar billiger als weitere Reparaturen in kurzem Zeitabstand.

Rückstellung kalkulieren

Prüfen Sie folgende Punkte je nach Gerät und entwickeln Sie daraus einen Betrag, den Sie monatlich in Ihrer Haushaltsplanung für die spätere Neuanschaffung zurückstellen:

- Welche weitere Lebenszeit ist für das einzelne Gerät realistisch? Anhaltspunkte können auch Auskünfte von Verbraucherorganisationen oder Händlern sein, wobei letztere natürlich zu früheren Ersatzbeschaffungen raten.
- Was konnte Ihr Altgerät? Benötigen Sie darüber hinaus zusätzliche Leistungen?
- Was kostet ein neues Gerät mit den gewünschten Leistungen?
- Wie ist Ihre monatliche Belastung (Preis geteilt durch Monate der verbleibenden Lebensdauer)?

Anschaffung eines Ersatzgerätes frühzeitig planen

Die Ermittlung der Restlebensdauer hilft Ihnen auch, sich bereits frühzeitig mit dem Kauf eines Ersatzgerätes zu beschäftigen. Hiermit meinen wir insbesondere die Fragestellungen, was Sie an Leistungen möchten, und natürlich den Preisvergleich. Bitte lesen Sie dazu auch die Ausführungen über Wohnungseinrichtungsgegenstände (► Seite 79).

Eher verzichtbare Versicherungen

Nicht jede am Markt erhältliche Versicherung ist prinzipiell für jeden geeignet - häufig stellt sich die Frage, ob die eine oder andere sogar ganz verzichtbar ist. Wir stellen hier einige Versicherungen vor. Das wird Ihnen helfen zu entscheiden, ob sich ein Neuabschluss bzw. das Halten dieser Versicherung lohnt oder ob Sie darauf verzichten können.

Preisvergleich und Berater

Schließen Sie niemals einen (schon gar nicht langjährigen) Vertrag ohne ausführlichen Preisvergleich ab. Lassen Sie sich dabei nach Möglichkeit von jemandem ohne Eigeninteressen helfen, zumindest im ersten Schritt. Fragen Sie bei Beratern nach, für wen sie eigentlich arbeiten.

Einfirmenvertreter. Bieten nur Versicherungen einer Gesellschaft bzw. Gesellschaftsgruppe an. Die Versicherungsverträge von anderen Gesellschaften bleiben hier außer Acht.

Klären Sie mögliche Eigeninteressen Ihrer Berater

Mehrfachagenten. Bieten die Versicherungen mehrerer Gesellschaften an, mit denen sie Verträge haben. Das Angebot ist hier größer, jedoch kommt es immer darauf an, ob auch Verträge mit günstigen Gesellschaften bestehen – das ist nicht immer der Fall.

Makler. Ein Makler ist unabhängiger als die erstgenannten Versicherungsvertreter und Mehrfachagenten. Er lebt jedoch auch wie diese von der Vermittlungsprovision.

Strukturvertriebe. Diese sind durch ihre besonders aggressiven Verkaufsmethoden bekannt, da die Mitarbeiter einen Teil ihrer Provisionen an ihre Vorgesetzten abgeben müssen. Dadurch ist der Verkaufsdruck wesentlich erhöht. Auch die Strukturvertriebe bieten nicht alle Versicherungen an, insbesondere zumeist nicht die der Direktanbieter. Fragen Sie vor einem ausführlichen Gespräch, welche Versicherungsgesellschaften überhaupt im Angebot sind.

Unabhängiger Berater. Er lebt nicht von den Provisionen (darf nicht vermitteln und keine Provisionen annehmen), sondern von einem Beratungsentgelt, welches er von Ihnen erhält. Dieses wird in der Regel auf Stundenbasis abgerechnet, sodass Sie durch eigene Recherchen vorab und konkrete Fragen Geld sparen können. Insbesondere bei wichtigen Entscheidungen über hohe Summen und lange Laufzeiten kann der Einsatz eines unabhängigen Beraters sinnvoll sein.

Ein unabhängiger Berater kann Ihnen zu jeder Versicherung den günstigsten Anbieter heraussuchen. Das kann für Sie eine Ersparnis von mehreren hundert Euro im Jahr bei gleicher Leistung bedeuten. Ähnliches gilt auch für den Makler, der alle relevanten Versicherungen anbietet. Er hilft außerdem auch im Schadensfall.

Glasbruchversicherung

Eine Glasbruchversicherung schützt Sie vor Schäden an Flachglas wie z.B. Fensterscheiben. Da stellt sich zunächst einmal die Frage, wie teuer eine solche Scheibe ist (hängt von der Art und der Größe ab), wie hoch die Wahrscheinlichkeit ist, dass dieser Schadensfall eintritt (eher niedrig) und wie hoch im Vergleich dazu die Prämien sind.

Eine Glasbruchversicherung ist teuer. Prüfen Sie, in welchen Fällen die Versicherung überhaupt leistet und überlegen Sie, ob Sie diesen kostspieligen Baustein in Ihrer Haushaltsversicherung überhaupt brauchen. Wird Sie aus dem Vertrag gestrichen, reduziert das die Prämie deutlich.

Auf kostenspielige Bausteine der Haushaltsversicherung verzichten

Kapitallebensversicherung

Diese Art der Lebensversicherung, eine kombinierte Er- und Ablebensversicherung (oft auch nur kurz Lebensversicherung genannt), ist ein Klassiker bei der Altersvorsorge. Am Ende der Versicherungszeit erhalten Sie Ihr Kapital nebst Verzinsung (Ablaufleistung) ausgezahlt. Und zwar entweder als Einmalertrag oder als lebenslange Zusatzrente. Im Falle Ihres Todes erhält der oder die Begünstigte die Versicherungssumme. Private Vorsorge für das Alter ist nicht erst seit den heftigen Diskussionen um den Fortbestand der gesetzlichen Pensionsversicherung angesagt.

Wichtig: Die inkludierte Ablebensversicherung kostet Rendite. Wenn Sie niemanden absichern müssen, ist eine alternative Geldanlage meist günstiger.

Sie haben in Ihrem Haushaltsplan noch Geld übrig und wollen dies regelmäßig in Form einer Lebensversicherung sparen? Dann sollten Sie auf die folgenden Punkte achten:

Festlegung der Laufzeit

Die Laufzeit des Vertrages sollte mindestens zehn Jahre betragen, da die Zinserträge der Lebensversicherung dann (nach heutiger Gesetzgebung) steuerfrei sind. Die Maximaldauer muss sich an Ihrem Rentenalter orientieren – spätestens in Ihrem 60. bis 65. Lebensjahr sollte der Vertrag enden. Sie wollen ja schließlich auch noch etwas von dem Geld haben. Natürlich hängt die Vertragslaufzeit auch wesentlich von Ihrem Haushaltsplan ab. Da es sich bei einer Lebensversicherung um einen langfristigen Vertrag handelt, sollten diesen Ausgaben für die gesamte Laufzeit sichere Einnahmen gegenüber stehen.

Festlegung des Anlagebetrages

Bevor Sie abschließen, prüfen Sie gewissenhaft auf Monatsbasis, welchen Betrag an sicheren Einnahmen Sie dauerhaft – also über viele Jahre – in eine Lebensversicherung investieren können und wollen.

Festlegung der Zahlungsweise

Bei monatlicher Zahlung erhöht sich Versicherungsprämie

Lebensversicherungen haben wahlweise eine monatliche, viertel- bzw. halbjährliche oder jährliche Zahlungsweise. Bei den Beiträgen kalkuliert die Versicherung oft bei halbjährlicher Zahlung mit einem Aufschlag von zwei Prozent, bei vierteljährlicher Zahlung mit einem Aufschlag von drei Prozent, bei monatlicher Zahlungsweise mit einem Aufschlag von fünf Prozent (jeweils bezogen auf den Jahresbeitrag). Die Zahlung nur eines oder von zwei oder vier Beiträgen im Jahr ist damit erheblich günstiger als monatliche Zahlungen.

Separat ansparen

Die Versicherungsbeiträge sind zwar im Vorhinein fällig, jedoch richtet sich der Beitrag in der Regel nach dem Lebensalter zum Zeitpunkt des Vertragsabschlusses. Sie können den Vertrag auch im September abschließen und erst im Dezember beginnen lassen. Dadurch kommen Sie in den Genuss der niedrigeren Einzahlung bei geringerem Lebensalter, auch wenn Sie im Abschlussmonat noch nicht das Geld für die quartalsweise oder jährliche Zahlungsweise haben.

Zur Verdeutlichung machen wir für Sie jetzt aus einem vorfälligen Vertrag (erster Beitrag bei Vertragsbeginn im Vorhinein) einen nachfälligen Vertrag. Bereits drei Monate (bei vierteljährlicher Zahlung) oder zwölf Monate (bei jährlicher Zahlung) vor Vertragsbeginn legen Sie sich den anteiligen Betrag – vor eigenen Konsumneigungen geschützt – auf ein separates Konto. In unserem Beispiel sind das bei jährlicher Zahlungsweise 166,66 Euro statt 175 Euro. Sie sparen durch diese Vorgehensweise nicht nur monatlich etwa 9 Euro, sondern können je nach Konto auch noch Zinsen gutgeschrieben bekommen.

Vorzeitiges Ansparen führt zu einer geringeren Kostenbelastung

Alternativ zu dieser Beitragssenkung von 2.100 Euro (12 x 175 Euro) auf 2.000 Euro könnten Sie natürlich auch jährlich 2.100 Euro anlegen und damit Ihre Versicherungssumme und die Ablaufleistung erhöhen. Dies sollten Sie sich durch Beispielrechnungen Ihrer Versicherung (siehe nächster Schritt) vergleichen lassen.

Auswahl der Versicherung

Die Unterschiede zwischen den einzelnen Versicherungsangeboten sind gravierend, ein intensiver Preisvergleich ist zwingend erforderlich. Bei den langen Laufzeiten sind bei gleichem Jahresbeitrag Unterschiede von mehreren tausend Euro in der Ablaufleistung sowie der Versicherungssumme möglich. Da lohnt sich doch etwas Mühe!

Für Ihren Preisvergleich schreiben Sie mindestens sechs Versicherungen an, darunter auch Direktversicherer. Letztere haben keine Außenstellen und Vertreter, wodurch sie in der Regel günstiger sind. Vergleiche von Lebensversicherungen finden Sie aber auch in unserer Testzeitschrift Konsument bzw.

auf www.konsument.at. Orientieren Sie sich bei Ihrer Auswahl an diesen Ergebnissen.

Die Versicherungen bitten Sie um ein Angebot unter Zugrundelegung folgender Vorgaben:

- Geschlecht
- Geburtsdatum
- Abschlussdatum der Versicherung: letzter Monat, in dem Sie noch das günstigere (weil niedrigere) Lebensalter haben
- Laufzeit: 10 bis xx Jahre (► Seite 88)
- Zahlungsweise: jährlich, halbjährlich, quartalsweise, monatlich
- Beitrag: (je nach Zahlungsweise)

Als Antwort erwarten Sie eine Beispielrechnung mit Ihren Daten und Angabe von Versicherungssumme und wahrscheinlicher Ablaufleistung.

Versicherungssumme und Ablaufleistung

Versicherungssumme ist wichtiger als Ablaufleistung

Sobald die Antwort der Versicherung eingegangen ist, gehen Sie wie folgt vor:

- Prüfen Sie, ob mit Ihren Vorgaben gerechnet wurde und alle erwarteten Informationen geliefert wurden. Falls nein: Nachfragen, beim zweiten Mal aussortieren.
- Anschließend bringen Sie die Versicherungen in eine Rangfolge:
  - nach der Höhe der Versicherungssumme (= garantierte Ablaufleistung)
  - nach der Höhe der Ablaufleistung (enthält zusätzlich zur Versicherungssumme die von der Versicherung erwarteten Gewinnbeteiligungen, die aber nicht garantiert sind).

Die günstigste Versicherung ist immer diejenige, welche die höchste Versicherungssumme hat! In die Berechnung dieser Versicherungssumme gehen vereinfacht gesagt folgende Daten ein:

- Ihre Beiträge
- Abschlussgebühren der Versicherung

- laufende Kosten der Versicherung

Die Versicherung mit den geringsten internen Kosten (für Verwaltung, Vertrieb, etc.) kann daher meistens auch die höchsten Versicherungssummen garantieren.

Gewinnzusagen sind unverbindlich und nie garantiert

Die Ablaufleistung einer Versicherung setzt sich zusammen aus der garantierten Versicherungssumme und einer unverbindlichen Gewinnzusage. Letztere ergibt sich aus der Verzinsung des Kapitals, das die Versicherung mit Ihrem Geld erwirtschaften will, falls die bisherige Verzinsung auch in Zukunft so eintrifft. Das kann Ihnen aber niemand garantieren und hier kann sich eine Versicherung aus Werbegründen auch etwas schön reden. Nur bei gleicher Versicherungssumme sollte man die Versicherung wählen, welche die höhere Ablaufleistung hat.

Daneben spielt natürlich auch die langfristige Stabilität der Versicherung eine wichtige Rolle bei der Entscheidung. Diese lässt sich nur leider nicht klar oder gar in Zahlen fassen. Sehr junge Anbieter sollten Sie mit Vorsicht betrachten – für eine langfristige Kapitalanlage benötigen Sie einen Partner mit ausreichender (auch zeitlicher) Erfahrung.

Direktverrechnung von Überschussanteilen

Auf höhere Versicherungssummen kommen Sie, wenn Sie einen Tarif mit Direktverrechnung der Überschussanteile (Gewinnbeteiligung aus den Risikozuschlägen der Versicherung) wählen. Hier werden Ihnen die Überschussanteile nicht erst mit Vertragsende in der Ablaufleistung gutgeschrieben, sondern werden jährlich zur Senkung der Beiträge verwendet. In Ihrem Vertrag bzw. den jährlichen Mitteilungen der Versicherung finden sich dann zwei Beiträge:

- regulärer Beitrag
- zu zahlender Beitrag nach Verrechnung der Überschussanteile.

Dadurch steigt also die garantierte Versicherungssumme und die Absicherung im Todesfall.

Achtung: Bei sinkenden Überschüssen der Lebensversicherung ist es bei diesem Tarif natürlich möglich, dass die gutgeschriebenen Überschüsse nicht zur Beitragssenkung ausreichen. Dies bedeutet für Sie, dass Sie dann mit einem höheren Jahresbeitrag rechnen müssen (maximal dem regulären Beitrag). Haushalte mit diesen Verträgen (gibt es auch bei der Ablebensversicherung) und engem Budget sollten sich auf diese Gefahr frühzeitig einstellen.

Gruppenversicherung

TIPP

Eine Lebensversicherung wird meistens noch günstiger, wenn eine bestimmte Mindestzahl etwa von Arbeitnehmern eines Betriebes beim gleichen Versicherer abschließt, d.h. wenn der Arbeitgeber mit dem Versicherer einen Gruppenvertrag (oft ab fünf bis zehn Verträge) vereinbart. Hier sind nochmals einige Prozent an Beitragsrabatt möglich. Sprechen Sie Ihre Personalabteilung darauf an.

Verhalten bei Geldmangel

Wenn Sie die Beiträge für Ihre Versicherung z.B. aufgrund von Arbeitslosigkeit nicht mehr bezahlen können, stellt sich die Frage, wie Sie darauf reagieren sollen.

Vorzeitige Kündigung einer Lebensversicherung kostet viel Geld

Kündigung. Bei einer Kündigung des Vertrages erhalten Sie nur die sogenannten Rückkaufwerte ausgezahlt. Diese liegen insbesondere in den ersten Jahren nach Vertragsabschluß deutlich unter Ihren Einzahlungsbeträgen und bis zum Ende der Laufzeit unterhalb des inneren Wertes (Ansparleistung abzgl. Abschlusskosten plus Zinsen). Aufgrund von Arbeitslosigkeit, Verschuldung oder anderweitigem Geldbedarf werden etwa 50 Prozent der Versicherungsverträge vor Ablauf gekündigt.

Beitragsfreiheit. Die Versicherungen bieten zum Teil auch an, den Vertrag beitragsfrei zu stellen. Dabei bleibt die Laufzeit des Vertrages bestehen, jedoch wird Ihr Beitrag ausgesetzt und die Versicherungssumme entsprechend angepasst. Dies ist oft eine sehr sinnvolle Alternative, da Sie nicht auf Zinsen verzichten und eine eventuelle Kündigungsgebühr einsparen. Wichtig: Sie erhalten das Kapital erst am Ende der Vertragslaufzeit. Wenn Sie dieses Geld jetzt nicht benötigen, erzielen Sie aber oft eine bessere Rendite als beim Verkauf der Lebensversicherung. Allerdings ist zu bedenken, dass die Kosten einer Lebensversicherung immer von der Gesamtprämiensumme berechnet werden, d.h. die Kostenbelastung wird nicht an die Beitragsfreistellung oder Beitragssenkung angepasst.

Es gibt auch einen Markt für gebrauchte Lebensversicherungen

Verkauf. Eine weitere Möglichkeit ist es, den Vertrag zu verkaufen (Gebrauchte Lebensversicherung). Inzwischen entwickelt sich auch hierzulande ein gewisser Markt dafür, wobei aber nur bestimmte Verträge hierfür in Frage kommen (Kriterien sind z.B. Höhe des Rückkaufswertes und Restlaufzeit). Als Verkäufer erhalten Sie einen Preis über dem Rückkaufswert der Versicherung (etwa vier bis fünf Prozent Aufschlag), jedoch unterhalb des inneren Wertes (inkl. Zinsen und Rücklagen). Der Käufer zahlt die weiteren Beiträge für den Vertrag und ist jetzt im Erlebensfall der Nutznießer der Versicherung. Für den Todesfall wird zumeist schriftlich vereinbart, dass das Geld an den Käufer ausgezahlt wird, der jedoch einen (kleinen) Teil an die Erben abgibt:
Dazu ein Rechenbeispiel:

Auszahlungsbetrag	100.000 Euro
Kaufpreis	-40.000 Euro
Beiträge durch Käufer	-20.000 Euro
Verzinsung für Käufer 9 % p.a.	-25.000 Euro
Auszahlung an Erben	15.000 Euro

Durch den Verkauf der Lebensversicherung ergeben sich damit für den Verkäufer folgende Vorteile:

- kurzfristige Liquidität durch Verkauf
- Kaufpreis ist höher als Rückkaufswert bei Versicherungsunternehmen
- kleine Absicherung im Todesfall bleibt bestehen

Verzicht auf Dynamik

TIPP

Kapitallebensversicherungen werden zum Teil auch mit einer sogenannten Dynamik angeboten, d.h. die Versicherungssumme steigt zumeist jährlich um einen festgelegten Betrag – z.B. zum Ausgleich der Inflation. Dies aber führt nicht nur zu jährlich steigenden Beiträgen, sondern auch zu neuen Abschlusskosten bei der Anpassung der Versicherung. Das ist oft nachteilig für den Kunden. Insbesondere in den letzten Jahren vor der Auszahlung sollte auf diese Dynamik verzichtet werden.

Ablebensversicherung

Ablebensversicherung zahlt nur im Todesfall

Die Ablebensversicherung unterscheidet sich von der Kapitallebensversicherung dadurch, dass sie nur im Todesfall zahlt. Es wird also kein Kapital für spätere Jahre angesammelt und sie ist dadurch dementsprechend preiswerter. Mit einer Ablebensversicherung sichert man seine Familie ab, damit diese beim Tod des Versicherungsnehmers nicht mittellos ist. Daneben ist sie zum Teil sinnvoll bei hohen Darlehensbeträgen (Hausbau, Hauskauf), um hier die Bank bzw. die Erben abzusichern (Restschuldversicherung). Sofern die Bank sich im Gegenzug mit geringeren Zinssätzen begnügt, erscheint uns dies auch zweckmäßig.

Wenn Sie alleinstehend sind bzw. sich nicht um die Versorgung abhängiger Personen im Falle Ihres Todes Gedanken machen müssen, brauchen Sie diese Versicherung nicht. Sollten Sie bereits eine haben, überlegen Sie, ob diese nicht gekündigt werden sollte. Bei der Auswahl der Ablebensversicherung gehen Sie ansonsten wie bei der Kapitallebensversicherung vor. Wesentliche Kriterien für den Preisvergleich sind:

- Alter (je älter desto teurer)
- Geschlecht (Frauen zahlen aufgrund ihrer höheren Lebenserwartung weniger als Männer)
- gesundheitliche Risiken (Raucher, Erkrankungen, usw.)
- Laufzeit des Vertrages
- Versicherungssumme

Unterschiede in den Leistungen gibt es kaum, sodass vorrangig der Preis als Entscheidungskriterium maßgeblich ist. Zwischen dem billigsten und teuersten Anbieter können 700 (!) Prozent Beitragsunterschied liegen, wie eine Untersuchung vor einigen Jahren zeigte (Konsument 10/2006). Akzeptieren Sie daher nicht das erstbeste Angebot (auch nicht als Kreditrestschuldversicherung bei Ihrer Bank) - dies ist meist nicht das günstigste Produkt. Holen Sie stattdessen mehrere Angebote auch von den Versicherungen direkt (z.B. über Internet) ein.

Preisunterschiede von bis zu 700 Prozent sind möglich

Versicherungssumme ermitteln

TIPP

Bei der Höhe der Versicherungssumme sind Sie frei, wobei einige Versicherer ab einer bestimmten Höhe eine ärztliche Untersuchung vorschreiben. Sie sollten für die Versicherungssumme jedoch vorab Ihren persönlichen Bedarf ermitteln:

- Absicherung von Schulden (z.B. Hypotheken)
- Faustformel: dreifaches Jahresbruttoeinkommen bei Familien ohne Kinder
- Faustformel: fünffaches Jahresbruttoeinkommen bei Familien mit Kindern.

Die Laufzeit sollte zumindest bis zum fünfzigsten oder fünfundfünfzigsten Lebensjahr gehen – kommen Sie vorher zu ausreichenden Rücklagen, können Sie die Versicherung jährlich kündigen.

Private Rentenversicherung

Wer kennt sie nicht - die Diskussion um die gesetzliche Pension, die uns jetzt schon seit über zwanzig Jahren begleitet. Und natürlich die dauernden Beschwichtigungen, dass die Pensionen sicher wären. Inzwischen ist klar: Die Rente der heutigen Pensionisten ist sicher, die der zukünftigen (spätestens ab dem Jahr 2030) nicht. Die Versorgungslücke zwischen Nettoeinkommen und späterer Pensionshöhe muss oder sollte geschlossen werden, wenn wir nicht in späteren Jahren auch zu Verzicht auf unseren gewohnten Lebensstandard bereit sind.

Versicherungsvertreter präsentieren ihren Kunden schnell eine Berechnung der voraussichtlichen Versorgungslücke. Vor

Geringere Kosten im Ruhestand senken Versicherungssumme und Beiträge

dem Abschluss eines Vertrages sollten Sie aber auf jeden Fall auch eigene Überlegungen anstellen:

- Welches Nettoeinkommen erwarten Sie für sich kurz vor Pensionsantritt?
- Welches Nettoeinkommen benötigen Sie für die Aufrechterhaltung Ihres Lebensstils? Hierbei ist zu berücksichtigen, dass Sie einen Teil Ihrer heutigen Ausgaben als Pensionist nicht mehr haben werden:
  - keine Aufwendungen mehr für eine Kapitallebensversicherung
  - keine Einzahlungen für eine Pensionsvorsorge
  - keine Kosten für Fahrten zum Arbeitsplatz
  - keine Kosten für Kinder
  - keine Zinsen und Tilgungen für Hypotheken, da die Abbezahlung vor Pensionsantritt abgeschlossen sein sollte
- Der schwierigsten Frage können wir uns nur mit einer vorsichtigen Schätzung nähern: Wie hoch wird voraussichtlich die gesetzliche Pension bei Ihrem Pensionsantritt sein (als Prozentsatz Ihres Nettoeinkommens)?
- Welche weiteren Vorsorgemaßnahmen haben Sie zusätzlich ergriffen? Verfügen Sie über eine zusätzliche Betriebspension, haben Sie Mieteinkünfte etc.?

Ihre geschätzte Versorgungslücke ergibt sich dann aus folgender Rechnung:

benötigtes Nettoeinkommen abzgl. voraussichtlicher gesetzlicher Pension + weiterer Vorsorgemaßnahmen

wobei wir hier von Ihnen gewünschte zusätzliche Ausgaben im Alter (Reise, etc.) nicht berücksichtigt haben.

Es wäre jetzt ein Fehler, eine Versicherung zur Pensionsvorsorge über den hier errechneten Differenzbetrag von z.B. 500 Euro abzuschließen, da Sie hiermit die Geldentwertung (Inflation) vernachlässigen. Bei einer Inflationsrate von zwei Prozent hat ein 100-Euro-Schein im nächsten Jahr nur noch

Geldentwertung bei Zusatzpension mit feststehender Pensionshöhe

Jahr	Inflation	Rente	Geldwert
2008	2,00%	500,00 €	500,00 €
2009	2,00%	500,00 €	490,00 €
2010	2,00%	500,00 €	480,20 €
2011	2,00%	500,00 €	470,60 €
2012	2,00%	500,00 €	461,18 €
2013	2,00%	500,00 €	451,96 €
2014	2,00%	500,00 €	442,92 €
2015	2,00%	500,00 €	434,06 €
2016	2,00%	500,00 €	425,38 €
2017	2,00%	500,00 €	416,87 €
2018	2,00%	500,00 €	408,54 €
2019	2,00%	500,00 €	400,37 €
2020	2,00%	500,00 €	392,36 €
2021	2,00%	500,00 €	384,51 €
2022	2,00%	500,00 €	376,82 €
2023	2,00%	500,00 €	369,28 €
2024	2,00%	500,00 €	361,90 €
2025	2,00%	500,00 €	354,66 €
2026	2,00%	500,00 €	347,57 €
2027	2,00%	500,00 €	340,62 €

eine Kaufkraft von 98 Euro. Dies muss also mit geschätzten Inflationsraten und Ihrer Wartezeit bis zur Pension mit berücksichtigt werden.

Niemals die Geldentwertung vergessen!

Diese Ausführungen haben Sie wahrscheinlich verwirrt – und das ist gut so! Eine Pensionsvorsorge ist kein einfaches Produkt von der Stange, sondern soll Sie in zwanzig oder dreißig Jahren vor finanziellen Engpässen bewahren.

Problem Inflation

Viele Versicherungen haben inzwischen auch das Problem der Geldentwertung erkannt und bieten inflationsgeschützte Versicherungen an. Achten Sie hierbei auf folgende Punkte:

Steigende Beiträge durch die Berücksichtigung der Inflation

- Inflationsgeschützte Versicherungsverträge arbeiten nicht nur mit jährlich steigenden Leistungen (entsprechend der Inflationsrate), sondern natürlich auch mit steigenden Beiträgen. Hier müssen Sie sich fragen, welche jährlichen

Monatliche Beiträge bei inflationsgeschützter Zusatzpension

Jahr	Inflation	Beitrag/Monat
2008	2,00%	35,00 €
2009	2,00%	35,70 €
2010	2,00%	36,41 €
2011	2,00%	37,14 €
2012	2,00%	37,89 €
2013	2,00%	38,64 €
2014	2,00%	39,42 €
2015	2,00%	40,20 €
2016	2,00%	41,01 €
2017	2,00%	41,83 €
2018	2,00%	42,66 €
2019	2,00%	43,52 €
2020	2,00%	44,39 €
2021	2,00%	45,28 €
2022	2,00%	46,18 €
2023	2,00%	47,11 €
2024	2,00%	48,05 €
2025	2,00%	49,01 €
2026	2,00%	49,99 €
2027	2,00%	50,99 €

Steigerungen Sie sich nicht nur heute, sondern auch in den nächsten zehn oder zwanzig Jahren leisten können. Dies kann sich zu einer Kostenfalle (▶ Seite 64) entwickeln.

- Einige Versicherungen betrachten jede durch den Inflationsausgleich verursachte Erhöhung der Versicherungssumme als Neuabschluss. Dies freut insbesondere die Versicherungsvertreter, da sie dann zusätzliche Provisionen bekommen – Ihnen dagegen beschert das Kosten, welche die Versicherungsleistung mindern.

Vorrechnen lassen

TIPP

Lassen Sie sich von der Versicherung eine Beispielrechnung bezüglich der Beitragsentwicklung unter Berücksichtigung unterschiedlicher Inflationsraten erstellen. Als Laufzeit müssen Sie Ihren (wahrscheinlichen) Renteneintritt vorgeben.

Unter der Annahme einer Inflationsrate von jährlich zwei Prozent ergibt dies ohne Berücksichtigung von zusätzlichen Abschlussgebühren eine Kostensteigerung von immerhin 45 Prozent in zwanzig Jahren.

Rechtsschutzversicherung

Abwehr von Ansprüchen und Geltendmachung von Forderungen

Eine Rechtsschutzversicherung sichert Sie gegen die oft sehr hohen Kosten bei der Führung eines Prozesses ab. Sie hilft Ihnen bei der Abwehr von gegen Sie erhobenen Vorwürfen und Schadensersatzforderungen aber auch bei der Geltendmachung eigener Forderungen. Deutsche und Österreicher stehen im Ruf, mit jedem Streit vor Gericht zu laufen – trotzdem muss eine Rechtsschutzversicherung nicht zwingend sein.

In den folgenden Fällen ist sie aber sicher sinnvoll: Vielfahrer im PKW sollten den Abschluss einer Kfz-Rechtsschutzversicherung prüfen. Diese kann bei Auseinandersetzungen mit den Behörden oder bei Unfällen hilfreich sein. Ein Versicherungsschutz ist oft schon ab 80 Euro Jahresprämie (in Abhängigkeit von Versicherungssumme und Leistungsumfang) erhältlich und deckt z.B. auch die hohen Sachverständigenkosten im Falle eines notwendigen Prozesses ab.

Hohe Streitwerte bedeuten auch hohe Prozesskosten

Sofern Sie häufig als Privatperson mit komplizierten Verträgen zu tun haben, z.B. bei Verkaufsprospekten (Zeichnung von Aktien beim Börsegang; Beteiligung an geschlossenen Fonds), ist die Privat-Rechtsschutzversicherung immer empfehlenswert, da es hier in der Regel um hohe Streitwerte geht und Sie bei diesen einen Anwaltszwang vor Gericht haben (ab einem Streitwert von 4.000 Euro müssen Sie, außer in Wohn- und Familienrechtsstreitigkeiten, auch vor dem Bezirksgericht anwaltlich vertreten sein und können sich nicht selbst vertreten).

Eine umfassende Rechtsschutzversicherung (inkl. Verkehrsrechtsschutz) kostet um die 140 Euro im Jahr. Es gibt jedoch erhebliche Unterschiede bei den Kosten und den Leistungen, sodass Sie im Vorhinein sehr intensiv prüfen müssen, welche Leistungen der Versicherung (bzgl. Klageunterstützung, Klageabwehr) für Sie persönlich wichtig sind:

- mögliche Kündigung durch den Arbeitgeber
- Börsen- und Kapitalanlagegeschäfte
- Verwaltungsverfahren außer Verkehr
- Folgeereignistheorie bei Schadensersatz. Hier muss die Versicherung zahlen, wenn der Schaden mindestens drei Monate nach Vertragsabschluß eintritt, auch wenn der verursachende Vertrag bereits zehn Jahre alt ist. Dies ist insbesondere bei Problemen mit langjährigen Beteiligungen sehr wichtig.

Ehepartner

TIPP

Einige Versicherer bieten auch Verträge an, welche die kostenlose Versicherung des Ehepartners (zum Teil auch des Lebensgefährten in der gleichen Wohnung) mit umfassen. Damit können Sie auf einen zweiten Vertrag verzichten und Kosten sparen.

- Beitragsfreistellung bei Arbeitslosigkeit
- einmalige Selbstbeteiligung; bei mehreren Klagen aufgrund eines Ereignisses wird nur einmal der Selbstbehalt fällig
- Rechtsschutz bei Opfern von Gewalttaten
- Kostenübernahme für Rechtsbeistand
- alle Fahrzeuge der Familie mitversichert

Krankenhaus-Taggeldversicherung

Diese Versicherung deckt das finanzielle Risiko eines Krankenhausaufenthaltes ab. So können Sie sich z.B. versichern, dass Sie jeden Tag, den Sie im Spital verbringen müssen, einen bestimmten Betrag (z.B. 50 Euro) erhalten. Damit bestreiten Sie dann zusätzliche Kosten wie etwa den Verpflegungskostenbeitrag.

Wann sich eine Krankenhaus-Taggeldversicherung rechnet

Ob eine solche Versicherung sinnvoll ist, lässt sich nur individuell klären. Diese Fragen müssen Sie daher für sich beantworten:

- Wie viele Tage pro Jahr waren Sie in den letzten Jahren im Krankenhaus? Wie viele Tage davon entfallen auf Leiden, die kein weiteres Mal auftreten können (z.B. Blinddarmentzündung, Schwangerschaft ab einem bestimmten Lebensalter, etc.)?
- Rechnen Sie künftig mit längeren Krankenhausaufenthalten?
- Welche zusätzlichen Kosten pro Tag entstehen Ihnen bei einem Spitalsaufenthalt? (Fahrtkosten für Angehörige zählen wir nicht hierzu, da diese ja nicht von Ihnen getragen werden.)

Genau prüfen

TIPP

Eine Krankenhaus-Taggeldversicherung lohnt sich nur in den seltensten Fällen. Mehr noch: Die erhöhten Kosten werden in der Regel durch die Einsparungen in der normalen Lebenshaltung gedeckt. Sie tragen damit kein oder kein unübersehbares Risiko, das Sie durch eine Versicherung abdecken müssten.

- Welche Kosteneinsparungen ergeben sich je Tag im Krankenhaus gegenüber Ihrer sonstigen Lebensführung? (Sind Sie im Spital brauchen Sie weder Geld für z.B. Lebensmittel oder Fahrten zur Arbeit.)

Ausgehen, Essen gehen

In der Prioritätenliste der notwendigen Ausgaben unseres Haushaltsplans befinden wir uns jetzt bereits recht weit unten. Für das eigene Lebensgefühl ist es aber immer gut, wenn auch für diese kleinen Freuden etwas Geld übrig bleibt. Trotzdem sollten Sie auch hier versuchen, unnötige Ausgaben zu vermeiden.

Ausgaben planen

Kosten sparen durch Vorausplanung und Disziplin

Legen Sie vor dem Ausgehen ein Limit für Ihre Ausgaben fest. Daran müssen Sie sich dann aber natürlich auch halten. Teilen Sie den Betrag, den Sie sich zugestehen, in Essen und Trinken ein, da bei einem schönen Abend im Freundeskreis gerne am Ende noch das eine oder andere Getränk dazukommt (schon durch den Gruppenzwang). Wenn Sie vorher beim Essen – doch noch eine Vorspeise oder ein Eis danach – Ihre Ausgaben strikt unter Kontrolle halten, sollte das kein Problem sein. Suchen Sie ein Lokal auch unter dem Gesichtspunkt der Preiswürdigkeit aus? Wenn Sie sich erst kurzfristig unterwegs entscheiden, treibt Sie der Hunger womöglich in ein zu teures Lokal. Bedenken Sie aber auch, dass man nicht nur in Nobel-

Spaß und Ersparnis beim Picknick

TIPP

Bei Ausflügen sollten Sie vorher überlegen, wie lange Sie unterwegs sein werden und wie Sie sich verpflegen. Sie können sparen, wenn Sie noch vor dem Aufbruch etwas essen und auch z.B. einen Picknickkorb mitnehmen. Das gilt umso mehr, wenn Sie mit Kindern unterwegs sind, die öfter eine Kleinigkeit zwischendurch brauchen.

restaurants, In-Kneipen und Lokalen in der Innenstadt Spaß haben kann.

Wenn Sie sich nur auf ein Bier treffen wollen, essen Sie vorher zu Hause – Sie sparen sich dann die teure Mahlzeit im Lokal.

Kino, Theater, Kultur

Unter den Ausgabeposten Ausgehen fällt in unserem Haushaltsplan auch die Sammelposition für Kino, Theater und Kultur. Je nach persönlichen Vorlieben möchte sich dies gelegentlich jeder einmal gönnen. Auch hier möchten wir Ihnen mit einigen Tipps helfen, Kosten zu sparen, um so den einen oder anderen Abend zusätzlich zu ermöglichen.

Bedürfnisse steuern

Generell gilt: Je flexibler Sie Ihr Bedürfnis nach dieser Art von Unterhaltung steuern können, desto eher können Sie Kosten einsparen:

- Die meisten Kinos bieten an einem Tag der Woche (Kino-Tag) verbilligten Eintritt.
- Bei vielen Veranstaltungen sind die Eintrittspreise am Wochenende deutlich höher als unter der Woche – durch einen Besuch an Wochentagen lässt sich so Geld sparen.
- In der Bundeshauptstadt Wien (aber auch in Landeshauptstädten) gibt es zumindest einmal im Jahr eine Lange Nacht der Museen mit pauschalem Eintritt. Sie verbinden hier ein Erlebnis der ganz besonderen Art mit der Möglichkeit eines verbilligten Museumsbesuchs.
- Auch kostspielige Veranstaltungen wie ein Varieté-Besuch werden erschwinglich, wenn bewusst Sonderveranstaltungen genutzt werden.
- Durch ein Abonnement lassen sich häufig ebenfalls Kosten sparen, jedoch verlieren Sie etwas Flexibilität bei Ihrer Zeitgestaltung. Inzwischen bieten z.B. Theater immer öfter Abos auf Gutscheinbasis (Wahlabonnement) an. Sie können sich dann Tag und Veranstaltung frei wählen und

Kulturgenuss ist unter der Woche meist preiswerter zu haben

kommen trotzdem in den Genuss niedrigerer Preise.

- Wer in Wien und Umgebung Kinder hat, kommt um den Zoo oder das Naturhistorische Museum (NHM) nicht herum. Für einen Jahresbeitrag gehört man zu den „Freunden des NHM" und die ganze Familie hat wiederholt freien Eintritt. Wenn Ihre Kinder den Tiergarten lieben, rechnet sich vermutlich auch schnell eine Jahreskarte. Das alles gilt selbstverständlich nicht nur für Wien.

Vergünstigungen nutzen

TIPP

Fragen Sie auch nach den üblichen Vergünstigungen für Kinder, Familien, Pensionisten, Soldaten, Zivildiener. Karten für Veranstaltungen können Sie bereits Wochen oder Monate im Vorhinein im Vorverkauf erwerben – achten Sie aber auf eine mögliche Vorverkaufsgebühr. Kurzentschlossene können auch am Nachmittag vor der Veranstaltung anrufen und nach den Preisen für Restplätze fragen oder sich an der Abendkasse für Restkarten anstellen.

Wichtig jeweils: Informieren Sie sich frühzeitig über die Angebote und Möglichkeiten in Ihrer Umgebung. Wenn Sie sich erst am Abend zum Besuch einer bestimmten Veranstaltung entscheiden, können Sie günstigere Angebote meist nicht mehr nutzen.

Kreditkarten

Bargeldlose Zahlungsmittel als Kostenfalle

Kreditkarten machen Geld ausgeben wunderbar einfach: Karte zücken, unterschreiben und schon können Sie sich alles leisten. Wenn da nicht die Rückzahlung und der Überblick über den Schuldensaldo wären! Kreditkarten erschweren den Überblick über die eigenen Finanzen ganz erheblich. Sie verführen zu Spontankäufen, senken die Hemmschwelle vor Käufen wesentlich ab - Sie müssen kein Geld aus dem Portmonee nehmen - und verändern zum Teil den persönlich erlebten Wert des Geldes. Für Menschen mit Problemen im Haushalten und bei

Ausgaben sind sie als Zahlungsmittel daher nicht geeignet.

Sollten Sie trotzdem eine Kreditkarte brauchen, z.B. weil Sie viel reisen, so möchten wir Ihnen einige Hinweise zum einfacheren Umgang geben. Kreditkarten kosten zumeist eine Jahresgebühr, die je nach Anbieter unterschiedlich hoch ausfällt. Zum Teil sind auch noch Sonderleistungen wie ein Versicherungsschutz mit den Karten verbunden. Prüfen Sie daher vor Vertragsunterzeichnung sorgfältig:

Tipps für die richtige Auswahl von Kreditkarten

- Wie hoch sind die jährlichen Kosten der Karte?
- Verfügt die Kreditkarte über genügend Akzeptanzstellen in Österreich und jenen Ländern, in die Sie öfter reisen?
- Für das Bezahlen mit Kreditkarte im EU-Ausland fällt in der Regel eine Provision an, die je nach Anbieter unterschiedlich hoch ist. Sofern Sie häufiger im Ausland außerhalb der EU sind und mit Karte bezahlen, gehört auch diese Provision in Ihren Preisvergleich.
- Welche Zusatzleistungen werden mit der Kreditkarte angeboten? Brauchen Sie diese Zusatzleistungen tatsächlich (z.B. Gepäckversicherung) oder können Sie diese Versicherung nicht auch separat zu einem niedrigeren Preis abschließen?
- Haben Sie diese Zusatzleistung (z.B. Gepäckversicherung) bereits separat abgeschlossen? Dann ist eine davon überflüssig und verzichtbar.
- Haben Sie die Tarife der Kartenanbieter verglichen? Vielleicht ist eine Kreditkartenfirma für Sie günstiger als jene, die Ihnen in Ihrer Bank angeboten wurde. Oft erhalten Sie auch von Ihrem Bankinstitut auf Wunsch eine Kreditkarte als Bestandteil des Kontoführungspakets! Fragen Sie danach, aber natürlich auch nach dem Preis.

Kostensparende Nutzung

Kreditkarten können wie ein echter Kredit geführt werden, also mit nur einmaliger Belastung im Monat. Diese Außenstände können Sie auf einmal bezahlen oder auch in Raten.

Entscheiden Sie sich niemals für Ratenzahlung! Die Zinsen dafür sind sehr hoch und Sie begehen eine der Todsünden des Haushaltens (► Seite 116), nämlich den Konsum auf Kredit.

Daneben gibt es auch sogenannte unechte Kreditkarten, die auf Guthabenbasis funktionieren. Sie überweisen hier im Vorhinein einen Betrag zu der Bank bzw. Kreditkartenorganisation und können nur innerhalb des Saldos mit der Karte bezahlen. Das verhindert, dass Sie beim Einkauf im Eifer des Gefechts mehr Geld ausgeben als Sie haben. Der jeweilige Guthabenbetrag wird darüber hinaus noch verzinst.

Belege aufbewahren

TIPP

Heben Sie jeden Beleg der Kartenzahlung mindestens bis zur nächsten Abrechnung auf. Sie benötigen ihn zur Kontrolle: Manipulationen an den sales-slips der Mitgliedsunternehmen sind vor allem in entlegenen Weltgegenden leider häufig. Nur wenn Sie den Beleg aufbewahrt haben, wird Ihnen Ihre Kreditkartengesellschaft – in aller Regel unbürokratisch und rasch – den Mehrbetrag refundieren. Auch ist dies für Sie die einzige Möglichkeit, sich zwischen den Abrechnungen einen Überblick über Ihren Schuldensaldo zu verschaffen. Am Fälligkeitstag müssen Sie das Geld auf dem Konto haben.

Keine Bargeldabhebungen mit Kreditkarte

Sie können mit einer Kreditkarte auch Bargeldabhebungen vornehmen – das ist jedoch sehr teuer und sollte tunlichst vermieden werden.

Hobby

Unter der Überschrift Bereich Hobby sammeln Sie alle Ihre Ausgaben für die Freizeitaktivitäten, die Sie im Rahmen von Vereinen und festen Mitgliedschaften haben. Dies können Ausgaben für das Hobby Fußball ebenso sein wie für Kegelverein oder das Fitnessstudio.

Typische Kostenfaktoren sind:

- Vereins- bzw. Mitgliedschaftsbeitrag
- Anschaffung von Sportgeräten und Sportkleidung
- eventuell auch Umtrunk oder gemeinsames Essen nach sportlicher Betätigung im Kreis anderer Vereinsmitglieder

Freizeitaktivitäten

Erfassen Sie jedes Hobby separat, um Kostentransparenz zu schaffen

Wenn Sie in Ihrer Freizeit besonders aktiv sind, sollten Sie jedes Ihrer Hobbies separat erfassen. Ist aus Gründen des Haushaltsausgleichs oder der Zeitoptimierung einmal der Verzicht auf eine Freizeitaktivität erforderlich, können Sie nicht nur überlegen, welcher Verzicht Ihnen am leichtesten fällt – ein Hobby ist nicht nur ein Ausgabenblock sondern auch ein Mehr an Lebensqualität. Durch Ihren Haushaltsplan lassen sich auch die finanziellen Auswirkungen Ihres Verzichts einfacher überblicken. Gleiches gilt natürlich auch, wenn Sie seit Jahren Vereinsbeiträge für einen Sportklub bezahlen und irgendwann feststellen, dass Sie das eigentlich nur noch aus Verbundenheit zum Vereinsvorsitzenden tun.

Vor allem Fitnessstudios bieten auch langfristige Verträge (über ein Jahr) mit ermäßigten Beiträgen an. Dadurch sparen Sie zwar einerseits Geld, andererseits verlieren Sie Flexibilität in Ihrem Ausgabenverhalten bis zum nächsten Kündigungstermin. Prüfen Sie vor Abschluss langfristiger Verträge immer genau, ob Sie diese auch durchhalten werden. Haben Sie tatsächlich im Hochsommer Lust auf ein Studio? Achten Sie auf außerordentliche Ausstiegsmöglichkeiten, z.B. bei Krankheit und Wohnungswechsel.

Glücksspiele

Ein Großteil der Österreicher spielt regelmäßig beim Lotto oder anderen legalisierten Glücksspielen (Pferderennen, Toto, etc.) mit. Im Haushaltsplan stellt sich damit natürlich die Frage, welcher Rubrik diese Ausgaben zugeordnet werden. Aller heftigen Proteste zum Trotz: im Bereich Hobby! Denn sehen Sie es realistisch: Ihre Chancen auf einen Haupttreffer im Lotto stehen rein mathematisch 1 : 13.983.816 (am Beispiel Deutschland). Oder anders formuliert: Die Wahrscheinlichkeit, dass Sie im Sommer vom Blitz erschlagen werden, ist leider höher als dass Sie einen Lottosechser machen.

Beim Spielen von wöchentlich 10 Zahlenreihen werden Sie rein theoretisch nach 26.892 Jahren einen Haupttreffer schaffen. Über die Höhe des Hauptgewinns ist damit aber noch nichts gesagt – oft müssen sich viele Gewinner den Betrag teilen. Wenn Sie Pech haben, mit ziemlich vielen: Mitte Februar 2003 mussten sich in Deutschland gleich 25.000 Gewinner, die die fünf Richtigen plus Zusatzzahl angekreuzt hatten, den Gewinn teilen. Gerade noch 201,30 Euro schauten hier für jeden heraus. Bei den sechs Richtigen waren es zwar nur noch 70 Gewinner, aber 44.840 Euro für diese seltene Gewinnchance ist auch nicht gerade üppig. Lotto ist daher aus mathematischer Sicht nicht sinnvoll.

Mitgliedschaften

Kündigen Sie längst vergessene Mitgliedschaften

Hat die Durchsicht Ihrer Belege, Kontoabbuchungen und Rechnungen auch etliche längst vergessene Mitgliedschaften zu Tage gefördert? Oft sind es nur sehr kleine Beträge, aber sind all diese Ausgaben wirklich nötig und sinnvoll?

Karten von Reiseveranstaltern und Ferienclubs. Reiseveranstalter und Ferienklubs bieten oft besondere Leistungen für Klubmitglieder, wobei für die Klubmitgliedschaft zum Teil ein kleiner Jahresbeitrag fällig wird. So bieten z.B. Fluggesellschaften Karten an, die Ihnen bevorzugte Sitzplatzreservierungen, höhere Freigepäcksmengen und einiges andere ermöglichen.

Mitgliedschaft in einem Autofahrerklub. Für einen überschaubaren Jahresbeitrag bieten Vereine wie ÖAMTC oder ARBÖ kostenlose Pannenhilfe, eine Mitgliederzeitung und auch Preisvorteile bei einigen Versicherungen oder Veranstaltungen an.

Alle Mitgliedschaften sollten Sie nicht nur vor Abschluss, sondern auch danach einmal jährlich kritisch prüfen. Ihre Ansprüche im Leben ändern sich und viele der früher einmal sinnvollen Mitgliedschaften sind für Sie inzwischen nicht mehr notwendig oder nur noch ein überflüssiger Kostenträger. Fragen Sie sich kritisch:

- Welche der mit der Mitgliedschaft verbundenen Leistungen interessiert Sie tatsächlich?
- Haben Sie diese Leistungen in den letzten zwei Jahren wirklich in Anspruch genommen oder ist absehbar, dass dies in diesem oder dem nächsten Jahr der Fall ist? Was nützt Ihnen eine kostenlose Sitzplatzreservierung im Flugzeug, wenn Sie inzwischen Familie haben und mit Ihren Kindern lieber mit dem Auto in Österreich Urlaub machen?
- Ist der Preis der Mitgliedschaft in Bezug auf Ihre persönliche Nutzung der angebotenen Leistungen angemessen?

Zeitungs- und Zeitschriftenabonnements

Abonnements sind ein ständiger Ausgabenfaktor

Sie sind regelmäßiger Leser einer Tageszeitung oder einer Zeitschrift? Dann finden Sie in Ihren Ausgaben sicher auch die Rechnungen von Abonnements. Deren Vorteil für Leser liegt auf der Hand:

- Sie versäumen keine Ausgabe, da Ihnen diese mit der Post oder durch einen Zustelldienst zugeschickt wird.
- Das Jahresabonnement ist in der Regel etwa zehn Prozent preiswerter als der Kauf der Einzelausgaben.
- Bei der erstmaligen Bestellung gibt es für den Werber – dies kann auch eine Person aus dem gleichen Haushalt sein – zum Teil recht attraktive Prämien.

Dennoch sind Abonnements ein ständiger Ausgabenfaktor, den man nur zu leicht aus den Augen verliert. Lassen Sie uns daher einmal prüfen, ob Sie jedes Ihrer Abonnements wirklich brauchen bzw. ob dies auch sinnvoll ist:

Abonnements regelmäßig prüfen

Prüfen Sie spätestens alle zwei Jahre, welche Abonnements Sie haben. Stellen Sie sich dabei und vor dem Abschluss eines neuen Vertrages folgende Fragen:

- Sind Sie überhaupt noch an der Zeitung bzw. Zeitschrift interessiert? Wenn nein – sofort kündigen!
- Wie groß ist Ihr Preisvorteil beim Abonnement? (Einzelpreis der Ausgabe x Ausgaben pro Jahr abzgl. Preis des Jahresabonnements)
- Lesen Sie jede Ausgabe (auch die Ausgaben während Ihrer Urlaubszeit) wirklich oder interessieren Sie nur einzelne Artikel von wenigen Ausgaben? Wenn Sie nicht an jeder Ausgabe interessiert sind, berechnen Sie Ihren individuellen Vorteil des Abonnements: Preisvorteil Abonnement gegenüber Einzelverkauf abzüglich Anzahl nicht gelesener Ausgaben mal Heftpreis. Ist das Ergebnis negativ, kommt Ihnen der Einzelkauf immer günstiger.
- Zum Teil stellen die Zeitschriftenverlage ihre älteren Ausgaben auch komplett ins Internet. Diese können dann dort kostenlos oder für eine fallbezogene Gebühr angesehen und mittels Download auf den PC übertragen werden.

Eine Untersuchung bei Firmen mit mehr als 1000 Mitarbeitern hat ergeben, dass durch ein jährliches Prüfen der Abos 30 Prozent der Kosten für Abonnements eingespart werden können. Auch bei einem Privathaushalt lassen sich auf diese Weise leicht 50 bis 100 Euro im Jahr sparen.

Bei Neuabschlüssen auch die Konditionen der Kündigung prüfen

Wenn Sie sich entscheiden, ein neues Abonnement abzuschließen, sollten Sie sich die Konditionen bei der Kündigung und auch die Werbeprämien ansehen. Dabei ist zu beachten, dass die Verlage Abonnements in der Regel in zwei Varianten anbieten:

- Der Werber (auch aus dem eigenen Haushalt) erhält eine Prämie. Dafür hat das Abonnement jedoch eine Mindestlaufzeit von meist einem Jahr und verlängert sich um ein Folgejahr, wenn nicht fristgerecht gekündigt wird.

- Es gibt keine Prämie, dafür können Sie den Vertrag jederzeit kündigen (sogenanntes Soft-Storno). Das Geld für nicht mehr gelieferte Ausgaben erhalten Sie dann kurzfristig zurück.

Werbegeschenke ohne echten Nutzwert sind sinnlos

Eine Prämie sollten Sie nur dann in Ihre Überlegung beim Abschluss eines Abonnements einbeziehen, wenn Sie diese Ware sowieso kaufen wollten. Schöne Gegenstände ohne Nutzwert für Sie sind auch als Werbegeschenk nutzlos! Sollten Sie trotzdem einmal ein Abonnement vorrangig wegen der Prämie abgeschlossen haben, kündigen Sie es so früh wie möglich. Eine nachträgliche Rücknahme der Kündigung ist immer möglich, eine vorzeitige Beendigung beim Überschreiten der Kündigungsfrist so gut wie nie!

Wenn Sie ein sehr enges Budget haben und dennoch ein Abonnement abschließen, sollten Sie immer eines mit einer flexiblen Kündigungsmöglichkeit bevorzugen! Sie können dann schneller auf finanzielle Engpässe durch Kündigung des Abos reagieren und bekommen einen Teil Ihres Geldes zurück.

Zeit nehmen für Entscheidung

TIPP

Lassen Sie sich niemals zum Abschluss von Abonnementverträgen drängen – weder an der Haustür noch am Telefon. Lesen Sie sich die Verträge (mit dem Kleingedruckten!) in Ruhe durch und unterschreiben Sie erst, wenn Sie von der Sinnhaftigkeit dieses neuen Abonnements für Sie überzeugt sind. Wichtig: Tragen Sie alle Abonnements mit den Kündigungsfristen im Haushaltsplan oder auf einem separaten Blatt ein.

Prüfen Sie bei für Sie wichtigen Zeitungen und insbesondere Zeitschriften gemeinsam mit Ihren Freunden und Bekannten, ob Sie sich das Abonnement nicht teilen wollen. Nach dem einmaligen Lesen einer Zeitschrift steht diese ansonsten nur als Sammelobjekt oder Staubfänger im Schrank. Bei berufsbedingten Zeitschriften kann auch der Arbeitgeber gefragt werden, ob er nicht ein Abo für alle Mitarbeiter der Abteilung übernehmen will.

Weitere Ausgabenpositionen

Sie werden feststellen, dass Sie mit Prüfung Ihrer Ausgaben auch noch zu weiteren Positionen kommen werden. Prüfen Sie jeweils die Wichtigkeit oder Unverzichtbarkeit für die Zwecke Einkommen schaffen, gesetzliche Notwendigkeit bzw. Leben sichern um die Priorität im Haushaltsplan festzulegen:

Rundfunk- und Fernsehgebühr. Ist leider gesetzlich vorgeschrieben daher von hoher Priorität (weit vor „Hobby").

Haushaltshilfe, Kinderbetreuung. Wenn Sie die Zeitersparnis zum Arbeiten (Schaffen von Einkommen) benötigen mit hoher Priorität, wenn es der Bequemlichkeit und Lebensqualität dient, niedrige Priorität.

Reserve

Rechtzeitig gebildete Reserve schützt vor bösen Überraschungen

Nicht nur am Beginn, sondern auch wenn Sie mit dem richtig Haushalten schon Erfahrung haben, werden Sie erleben, dass es immer wieder zu ungeplanten Ausgaben kommt. Selbstbehalt beim Arztbesuch, Reparaturen etc. – fast in jedem Ausgabenblock kann es zwischendurch zu Überschreitungen kommen. Diesen könnten Sie vorbeugen, indem Sie bewusst eine Reserve einplanen.
Wird sie nicht gebraucht:

- belohnen Sie sich mit einem kleinen Extra für gutes Haushalten
- sparen Sie den restlichen Betrag für spätere Ausgaben bzw. nutzen Sie die Möglichkeiten der Sondertilgung bei Krediten

Ausgleichsposten Ausgabenseite

Sondertilgung Kredite und Sparen auf der Ausgabenseite – dies irritiert Sie? Bitte denken Sie bei Einnahmen auch an das Wort

Geldherkunft und bei Ausgaben an das Wort Geldverwendung. Aufgrund eines Einnahmenüberhangs können Sie also einen Teil Ihrer Einnahmen in die Geldverwendung Kredittilgung und Sparen investieren.

Sondertilgung Kredite

In der Haushaltsplanung bleibt dieser Bereich in der Regel leer, wurden doch die vertraglichen Kredittilgungen bereits berücksichtigt. Haben Sie jedoch nach dem Ablauf eines Monats alle Einnahmen und Ausgaben in der jeweiligen Monatsspalte eingetragen, so ergibt sich durch die Addition der Einnahmen (+Vorzeichen) und Ausgaben (-Vorzeichen) und Jahresumlagen eine Differenz. Eine positive Differenz besagt, dass Sie weniger ausgegeben als eingenommen haben. Diesen Betrag setzen Sie jetzt - sofern Sie Kredite laufen haben - zuerst in die Rubrik Sondertilgung Kredite. Das ist ein sehr gutes Zeichen für tadelloses Haushalten. Zugleich sinkt damit natürlich Ihre Zinsbelastung der Folgemonate, was das gute Wirtschaften dort wesentlich erleichtern wird.

Sondertilgung von Krediten entlastet Sie in den Folgemonaten

Sparen

In der Haushaltsplanung bleibt dieser Bereich nicht immer leer - hier können Sie auch bewusst einen bestimmten Betrag monatlich für spätere Vorhaben zurücklegen (z.B. Ansparen des Eigenkapitals für späteren Wohnungskauf, etc.). Haben Sie nach dem Ablauf eines Monats alle Einnahmen, Ausgaben und Jahresumlagen in der jeweiligen Monatsspalte eingetragen, so ergibt sich durch die Addition der Einnahmen (+Vorzeichen), Ausgaben (-Vorzeichen) sowie Jahresumlagen (+ oder -) eine Differenz. Eine positive Differenz besagt, dass Sie weniger ausgegeben als eingenommen haben. Diesen Betrag setzen Sie jetzt (eventuell zusätzlich) in die Rubrik Sparen - ein Zeichen für sehr gutes Haushalten.

Die größten Fehler beim Umgang mit Geld

Konsum auf Kredit

Langfristige Anschaffungen kurzfristig finanzieren

Todsünden des Haushaltens

Die größten Fehler beim Umgang mit Geld

Immer wieder passiert es, dass sogar blitzgescheite und selbst wohlhabende Menschen nicht mit ihrem Geld auskommen. Nicht in allen Fällen sind die Ursachen dafür durch eine Kontrolle der Haushaltsplanung nachvollziehbar – oft ist eine solche auch gar nicht vorhanden. Diesen Menschen fehlt nach eigener Aussage die Zeit, sich ständig mit dem Thema Ein- und Ausnahmenplanung und -kontrolle zu beschäftigen. Um das Problembewusstsein zu schärfen, wie leicht und vor allem wie schnell man in die Schuldenfalle tappen kann, finden Sie hier die größten Fehler beim Umgang mit Geld – auch mit Beispielen veranschaulicht – als Todsünden des Haushaltens zusammengefasst.

Konsumieren auf Kredit

Träumen Sie nicht auch von einem wirklich tollen Urlaub, einer neuen Wohnungseinrichtung, einem schnellen Flitzer? Sie haben kein Geld für Ihren Traumurlaub auf den Malediven? Heutzutage alles kein Problem!

Der Reiseveranstalter oder eine Bank bieten Ihnen einen Kredit über 5000 Euro – schnell, problemlos und ohne Sicherheiten. In nur einer halben Stunde sind Sie wieder flüssig und können sich Ihren Wunsch erfüllen!

Zur Veranschaulichung das Beispiel einer jungen Frau: Sie ist Mitte zwanzig, von Beruf Polizistin und gönnt sich gemeinsam mit Ihren Freunden und Kollegen eine Reise auf eine der Trauminseln dieser Welt. Unmöglich bei dem geringen Gehalt? Ein Kredit macht es möglich, die Rückzahlung passt gerade noch in den Haushaltsplan des kommenden Jahres! Natürlich will die junge Frau dann auch was erleben und Fotos für die schönen Erinnerungen schießen. Sie leiht sich einen Fotoapparat aus, der im Urlaub leider auch schnell geklaut ist! Für die Bezahlung des Schadens ist im Haushaltsplan kein Platz mehr. Der Traumurlaub endet in einem echten Katzenjammer und großen Sorgen um die zukünftige eigene Existenz.

Dieser Fall zeigt den schwersten Fehler auf, den Sie bei der Haushaltsplanung begehen können: Konsum auf Pump. Drei kurze Wochen Traumurlaub – ich gönne mir was – und dann zwölf oder mehr Monate mühsam einen Kredit abstottern. Die Erinnerung an die Ferien verblasst schnell, die dauerhafte Belastung der Kredittilgung bleibt dagegen noch lange erhalten.

Vorfreude auf einen Urlaub oder eine Anschaffung erleichtert den Konsumverzicht

Nichts gegen Traumurlaube oder Wunscherfüllungen – der Weg dorthin muss jedoch ein anderer sein: Legen Sie sich monatlich einen Teil des Reisepreises zur Seite. Die Vorfreude auf den Urlaub oder die Anschaffung werden Sie den eventuell dadurch notwendigen Konsumverzicht besser durchhalten lassen. Und außerdem sparen Sie sich auch noch Kreditzinsen von acht bis zwölf Prozent – da rückt die Wunscherfüllung gleich noch ein Stück näher.

Urlaub auf Kredit – das ist als Todsünde des Haushaltens noch klar verständlich. Was ist aber mit der neuen Wohnzimmereinrichtung oder besser noch: dem Auto? Hier vertreten wir eine ganz harte Haltung: Konsum hat nichts mit der Kurzlebigkeit von Gütern zu tun! Hier geht es um die Trennung von erforderlichen Funktionen (z.B. Aufbewahrungsfunktion beim Schrank, Fortbewegung beim Auto) und solchen, die eher auf der Seite der Besitz- und Lebensfreude angesiedelt sind (z.B. besonderes Design, renommierter Hersteller).

Das Gegenteil von Konsum ist die Investition. Eine Investition ist jede Ausgabe, die hilft, mein Einkommen zu erhalten oder zu erhöhen – alles andere ist Konsum.

Die Kreditfinanzierung von Konsum heißt immer, dass Sie heute nicht das Geld für solche Ausgaben haben. Gleichzeitig sichern oder erhöhen diese Ausgaben nicht Ihr Einkommen, sondern belasten Ihre finanzielle Zukunft mit Freuden von heute. Wenn jetzt Ihre Einnahmen kleiner werden (z.B. durch Arbeitslosigkeit) oder Sie unerwartete und unaufschiebbare Ausgaben haben, droht Ihnen die finanzielle Überbelastung. Vermeiden Sie daher prinzipiell Konsum auf Kredit.

Nur Investitionen auf Pump

TIPP

Zurück zum Auto: Die Kreditfinanzierung eines Autos, das Sie unbedingt zur Erreichung Ihres Arbeitsplatzes benötigen, ist noch vertretbar. Ein Luxusschlitten – vielleicht auch noch nagelneu – aber sicher nicht! Die Investition im hier verstandenen Sinne ist das Fortbewegungsmittel. Ausstattungsextras, die allenfalls der persönlichen Freude dienen, sind Konsum und sollten deshalb nicht auf Kredit finanziert werden!

Einplanung unsicherer Einnahmen

Der Haushaltsplan steht – Einnahmen und Ausgaben sind ausgewogen. Plötzlich kommt die Katastrophe: ein Teil der Einnahmen bricht unvermittelt weg.

Das lässt sich nicht immer vermeiden, meistens aber schon! Bereits im Bereich Einnahmen innerhalb des Haushaltsbuchs haben wir bewusst die Unterscheidung in gesicherte und unsichere Einnahmen vorgenommen. Die unsicheren Einnahmen dürfen bei einer soliden Haushaltsführung nur für Ausgaben verplant werden, auf die Sie notfalls auch kurzfristig verzichten können. Geschieht dies nicht und lässt sich der Einnahmeausfall nicht anders ausgleichen, droht ansonsten leicht Zahlungsunfähigkeit und Überschuldung.

Überschuldung trotz guten Einkommens

Auch gutes Einkommen schützt nicht vor Überschuldung

Wie ein Beispiel aus der Praxis zeigt, kann dieser Fall auch leicht bei höherem Einkommen und Vermögen auftreten: Ende der neunziger Jahre steht Herr W. kurz vor der Pension und verfügt über ein noch hohes Einkommen und ein Vermögen von 100.000 Euro. Herr W. stöhnt über seine Steuerlast und hat als eifriger Leser von Wirtschaftszeitschriften auch schon die optimale Lösung gefunden: Er beteiligt sich an einem sogenannten geschlossenen Fonds mit anfangs hohen Verlustzuweisungen und danach hohen Ausschüttungen. Mit den Verlustzuweisungen senkt er im letzten Jahr seines Arbeitslebens seine Steuerlast stark und freut sich auf die künftigen Ausschüttungen als Aufbesserung seiner Pension.

Nicht bedacht hat Herr W., dass es sich hierbei nicht um eine weitgehend risikolose Pensionsvorsorge handelt, sondern um eine unternehmerische Beteiligung in Schiffe, Flugzeuge oder Gewerbeimmobilien, die hohen Risiken unterliegt. In wirtschaftlichen Krisenzeiten zeigt sich dann das Risiko: Ausschüttungen werden gekürzt oder entfallen ganz. Einige der Beteiligungen gehen in die Insolvenz. Damit fehlt Herrn W. nicht nur ein fester Einnahmebetrag in der Haushaltsrechnung – in seinem Fall ist auch noch das eingesetzte Kapital weg.

Finger weg von Aktienkauf auf Pump!

Noch schlimmer wird die Situation, wenn ein Teil dieser Beteiligungen mit einem Kredit finanziert war. Sie fragen sich, wie so etwas möglich sein kann? Im Prinzip ganz einfach: Verkäufer und Verkaufsprospekt brauchen nur die Chancen – Verdreifachung des Kapitals in zehn bis fünfzehn Jahren – in den Vordergrund stellen und Risiken herunterspielen.

Wie die Vergangenheit zeigt, wurden nicht wenige solcher Beteiligungen oft mit einer teilweisen Kreditfinanzierung angeboten. Das mit dem Argument, ein Kauf auf Pump würde die eigene Liquidität schonen und die Eigenkapitalrendite erhöhen! Solange die Beteiligung plangemäß läuft, stimmt das. Läuft es nicht wie großspurig versprochen, muss der gutgläubige Anleger jahrelang weiter Schulden tilgen und damit für den kurzfristigen Genuss des Steuersparens bezahlen.

Einplanung zukünftiger Einnahmen

Ein weiterer gravierender Fehler beim Haushalten ist die feste Einplanung von zukünftigen Erträgen. So eine Vorgangsweise halten Sie für undenkbar? Dann lassen Sie uns einige Fälle aus der Praxis etwas genauer betrachten:

In den neunziger Jahren waren in Deutschland unter anderem Hypothekendarlehen mit der Besicherung durch eine Lebensversicherung weit verbreitet. Dabei wurde das Darlehen nicht monatlich getilgt, sondern erst bei der Fälligkeit nach zehn bis zwanzig Jahren durch die Auszahlung der Lebensversicherung. Beliebt waren diese Konstruktionen insbesondere aus steuerlichen Gründen, da die Zinsen auf das Darlehen seinerzeit steuerlich als Werbungskosten galten (bei Fremdvermietung auch heute noch), während die Habenzinsen der Lebensversicherung steuerfrei waren.

Es versteht sich schon fast von selbst, dass die Banken und die Kunden nicht mit der garantierten Ablaufleistung der Lebensversicherung gearbeitet haben, sondern zusätzlich mit der (damals) erwarteten Gewinnbeteiligung. Diese ist aber nicht garantiert. Niedrige Zinsen und gebeutelte Aktienmärkte führen dazu, dass die Lebensversicherer weniger Gewinn für ihre Kunden machen und daher die ursprünglich angekündigten Auszahlungsbeträge nicht erreicht werden. Es verbleibt eine Deckungslücke zwischen der feststehenden Darlehenshöhe und dem niedrigeren Auszahlungsbetrag der Lebensversicherung.

Verspekuliert

Ja richtig – das Beispiel stammt aus den neunziger Jahren (des letzten Jahrtausends). Aber ist so etwas heute noch möglich? Nun – erst im Jahr 2000 boomten die fondsgebundenen Lebensversicherungen. Hier wurden zur Erreichung einer besseren Rendite (Verzinsung auf das eingesetzte Kapital) Beiträge von Lebensversicherungen in Aktienfonds investiert. In den drei Jahren von März 2000 bis März 2003 verlor der DAX (Deutscher Aktien-Index der 30 größten Werte) rund 70 Prozent an Wert, der Neue Markt-Index NEMAX etwa 97 Prozent. Es ist klar, dass die seinerzeit vollmundigen Auszahlungspläne der Lebensversicherungen unter solchen Bedingungen nicht haltbar sind. Wer diese jedoch fest in seine Lebensplanung (Hauskauf, Zusatzpension, etc.) einkalkuliert hat, plant mit unsicheren zukünftigen Erträgen.

Keine Lebensplanung mit zukünftigen Einnahmen

Und wie sieht es heute aus? Darlehen werden über Finanzvermittler als endfälliger Kredit vermittelt. Die Tilgung der Schulden erfolgt nach 20 bis 25 Jahren über einen Aktienfonds mit einer schöngerechneten jährlichen Performance von 4 bis 6 Prozent. Einer Rendite also, die selbst im Schnitt der letzten 20 Jahre nicht erreichbar war. Wer Pech hatte und z.B. in AMIS-

Fonds investiert war, bangt sogar um sein gesamtes Kapital und hofft auf Konkursmasse und Schadenersatzansprüche!

Nicht jeder hat in der Vergangenheit auf Aktien gesetzt oder dies in Zukunft vor. Fälle von Verplanung zukünftiger Erträge gibt es auch in anderen Bereichen: Stellen Sie doch für sich einmal eine Haushaltsplanung für das nächste Jahr oder für die weiteren Jahre auf - z.B. für die Finanzierung eines Wohnungskaufs. Wie planen Sie hier Ihr Gehalt ein? Als vorsichtiger Mensch sollten Sie diese Planung ohne jährliche Gehaltssteigerung erstellen, damit sich nicht unversehens Haushaltslöcher auftun, wenn diese Steigerungen nicht in diesem Ausmaß oder erst später eintreten.

Konsumrausch

Auch im Ausverkauf nur kaufen, was Sie wirklich brauchen

Egal ob kleines oder großes Budget - eines machen wir doch alle sehr gern: Unterwegs die Auslagen der Geschäfte betrachten und nach schönen Dingen und nach Schnäppchen Ausschau halten! Derzeit brauchen Sie diese Dinge zwar nicht, wahrscheinlich aber in spätestens sechs Monaten. Wer weiß, ob Sie dieses Angebot in einem halben Jahr noch bekommen, da schlagen Sie doch lieber gleich zu. Am Konto herrscht Ebbe? Egal, die Sachen sind doch supergünstig und in sechs Monaten ist der Kauf doch sowieso vorgesehen.

Widerstehen Sie dieser Versuchung. Auch im nächsten halben Jahr werden sich - egal ob Sie jetzt kaufen oder nicht - immer neue Gelegenheiten ergeben. Wenn Sie jetzt kaufen, werden Sie vermutlich draufkommen, dass Ihr heutiges Schnäppchen in sechs Monaten längst unmodern ist oder Ihnen nicht mehr gefällt.

Erzwungenes Nachdenken

Nehmen Sie nie mehr Geld mit als Sie für geplante Einkäufe benötigen. Dadurch sind Sie gezwungen, vor einem Einkauf erst nach Hause zu gehen, um Geld zu holen. Dies verschafft Ihnen Zeit zum ungestörten Nachdenken ohne den Druck durch das

Verkaufspersonal oder die verkaufsfördernde Umgebung des Geschäfts. Dieser Rat gilt selbstverständlich nicht nur für Bargeld, sondern auch für alle bargeldlosen Zahlungsmittel wie Bankomat- und Kreditkarte!

Vom weniger Geldausgeben ist noch keiner arm geworden

Und wenn das Schnäppchen nicht mehr da ist, wenn Sie mit den Moneten wieder beim Geschäft ankommen? Wenn schon! Handeln und denken Sie verstärkt nach der alten Börseweisheit: Von einer verpassten Chance zum Geldausgeben ist noch niemand arm geworden.

Zwischendurch muss es aber auch eine Belohnung für gutes Haushalten geben – das fördert die weitere Motivation. Bleiben Sie trotzdem am Boden und hüten Sie sich vor unkontrollierten Frustkäufen. Überhöhte Ausgaben müssen Sie in den nächsten Wochen nämlich durch verstärktes Sparen wieder ausgleichen – und das ist noch frustrierender. Gehen Sie besser anders herum vor: Am Ende jeden Monats sehen Sie in Ihrer Haushaltsplanung, welcher Betrag gegenüber Ihrer Planung übrig geblieben ist (z.B. weil Kosten im Bereich unvorhergesehene Kosten doch nicht angefallen, Sie einmal weniger ins Kino gegangen sind, etc.). Belohnen Sie sich, indem Sie einen Teil davon sich selbst zur freien Verfügung stellen. Wohlgemerkt nur einen Teil, denn mit etwas Sparen sichern Sie sich für die Zukunft gegen ungeplante Kosten ab oder können auch mal etwas für den Bereich Altersvorsorge zurücklegen.

Markenzwänge besiegen

Ihre Freundin trägt ein T-Shirt von einem italienischen Nobeldesigner, Ihr Kind wünscht sich unbedingt eine Markenjeans? Markenware zeigt uns und unserer Umgebung, wer wir sind und dass wir dazugehören. Da darf man selbst – insbesondere für die eigenen Kinder – nicht zurückstecken, meinen Sie? Da bezahlen Sie für eine Hose lieber 40 Euro mehr, denn diesen Betrag können Sie bei anderen Ausgaben wie etwa Lebensmittel leicht wieder rausholen?

Vergessen Sie's! Machen Sie sich nach und nach von den psychologischen Markenzwängen frei! Ändern Sie Ihre Einstellung zur Notwendigkeit von Markenwaren und machen

Sie den bewussten Verzicht darauf zu Ihrem Image. Warum sollten Sie durch überhöhte Preise die sündteure Werbung der Markenartikler mitfinanzieren und mit Ihrem Geld dafür sorgen, dass sich ein überbezahltes Model noch über ein paar Millionen mehr am Konto freuen darf?

Langfristige Anschaffungen kurzfristig finanzieren

Zahlungsunfähigkeit kann auch bei größerem Vermögen drohen

Es ist leicht einsehbar, dass große Gefahren drohen, wenn langfristige Anschaffungen (z.B. Hauskauf) sehr kurzfristig finanziert werden (z.B. durch eine Überziehung auf dem laufenden Konto). Da dieses Thema vielschichtig ist und als Gefahr sogar bei größeren Vermögen die Zahlungsunfähigkeit droht, finden Sie Genaueres zu diesem Thema unter dem Fachbegriff Fristeninkongruenz (► Seite 128). Weil es sich hierbei jedoch um einen Kardinalfehler von gutem Haushalten handelt, erwähnen wir ihn an dieser Stelle.

Dem Gruppenzwang erliegen

Ein häufiger und leicht nachvollziehbarer Fehler beim Haushalten ist, sich von anderen zu ungeplanten Ausgaben verleiten zu lassen. Sie gehen gemeinsam mit Freunden ins Kino – diese Ausgabe haben Sie in Ihrem Haushaltsplan berücksichtigt. Kaum ist der Film aus, möchten einige aus der Gruppe noch Essen gehen. Sie wissen: Ihr monatliches Budget dafür ist bereits ausgeschöpft. Welche Alternativen haben Sie?

- Für Sie ist es wichtig, dass Sie Ihre Finanzen in den Griff bekommen oder behalten. Da das geplante Budget für Essen gehen bereits ausgeschöpft ist, verzichten Sie schweren Herzens auf den geselligen Abend.
- Sie wissen, dass Sie noch einige Euro in Reserve haben. Da weitere ungeplante Ausgaben in diesem Monat nicht absehbar sind und der Monat fast vorüber ist, entscheiden

Sie, einen festgelegten Betrag aus der Reserve zu nehmen. Weitere Überschreitungen dieses Betrages werden Sie aber nicht zulassen.
- Sie beschließen, ohne Rücksicht auf Ihre Haushaltsplanungen vorzugehen und sich – wenn schon, denn schon – ein saftiges Steak und ein gutes Glas Wein zu gönnen. Um die Finanzierung machen Sie sich erstmal keine Gedanken, da ja das Geld für die Miete noch nicht vom Konto abgebucht ist.

Wenn nötig, Schuldnerberatung so bald wie möglich aufsuchen

Keinesfalls sollten Sie sich für die dritte Variante entscheiden. Diese Verfahrensweise wäre nämlich grundfalsch. Gehen Sie nach diesem Prinzip vor, brauchen Sie vermutlich in kürzester Zeit dringend persönlichen Rat bei einer Schuldnerberatung!

Das Thema Gruppenzwang und seine möglichen finanziellen Folgen betrifft natürlich auch Kinder und Jugendliche. Helfen Sie ihnen beim Haushalten mit dem Taschengeld und lassen Sie sich nicht zu Sonderausgaben verleiten.

Vernachlässigung der Reserve

Mit voller Absicht haben wir in unserem Haushaltsplan eine Reserve eingeplant, um unvermutete Ausgaben ohne größere Probleme handhaben zu können. Dies bedeutet natürlich, dass diese Reserve im Normalfall vor dem Monatsende nicht angetastet werden sollte.
Hier lässt sich als Fehler immer wieder feststellen, dass
- bereits in der Planung die Reserve zugunsten von Genuss und Freizeitaktivitäten (Kino, Essen gehen, etc.) zu stark vernachlässigt wird oder
- auch bei ausreichender Dotierung schon am Monatsbeginn eine stillschweigende Umwidmung stattfindet. Das Budget für Kino ist bereits erschöpft, aber dieser tolle Film ist ein echter Notfall!

Warnsignale

Budgetüberschreitung

Zahlungsschwierigkeiten

Ungeeignete Einkommensquellen

Wann Zahlungsunfähigkeit droht

Überfällige Zahlungen - Zahlungsbefehl - Gerichtsvollzieher - zahlungsunfähig - Offenbarungseid - Insolvenz! Manchmal geht es ganz schnell und niemand sah das Unglück kommen? Das muss nicht sein, denn zumindest einige frühe Warnsignale gibt es immer - Sie müssen nur darauf achten und frühzeitig reagieren. Häufig lassen sich dann die letzten der oben skizzierten Schritte verhindern. Was aber können solche Warnsignale sein?

Häufige oder starke Überschreitung des Budgets

Frühwarnsystem durch Soll-Ist-Vergleiche

Mit der oben beschriebenen Haushaltsplanung und ihrer Kontrolle durch Ist-Werte haben wir bereits ein gutes und funktionierendes Frühwarnsystem geschaffen. Tauchen in Ihren Ist-Werten der vergangenen Monate häufiger kleine oder größere Werte im Bereich Vermögensverzehr auf, so ist höchste Vorsicht geboten - Sie leben von Ihrer Substanz. Oder anders ausgedrückt: Monatlich leben Sie über Ihre finanziellen Verhältnisse und verringern damit Ihre finanziellen Reserven auf Sparbuch und Konten. Hier ist ein sofortiger und kritischer Check Ihrer monatlichen Ausgaben und die Suche nach weiteren Einsparungsmöglichkeiten dringend erforderlich. Eventuell empfiehlt es sich bereits jetzt, den professionellen Rat einer Schuldnerberatung (Adressen ► Seite 149 ff.) einzuholen. Vereinbaren Sie möglichst bald einen Termin, denn durch die große Nachfrage gibt es meist monatelange Wartezeiten.

Tauchen aber einmal oder gar mehrfach Werte in der Rubrik Schulden machen auf, so ist es in jedem Fall Zeit für sofortigen fachlichen Rat einer Schuldnerberatung. Da Sie keine finanziellen Reserven haben und dennoch monatlich mehr ausgeben als einnehmen, ist es absehbar, wann Sie erste Rechnungen nicht mehr bezahlen können und Ihr Gläubiger gerichtliche Schritte zur Eintreibung der Forderungen unternimmt.

Damit es erst gar nicht so weit kommt, kontrollieren Sie monatlich Ihren Finanzhaushalt auch im Nachhinein:

Budget überschritten? Klärung der Ursachen dringendst erforderlich!

- Ist es zu einer Überschreitung des Budgets gekommen?
- Wenn ja: was sind die Ursachen? Diese finden Sie immer bei den Planüberschreitungen der Einzelbereiche Ihres Haushalts (z.B. im Bereich Reparaturen oder Ausgehen).
- War diese Planüberschreitung ein Planungsfehler (die geplanten Reparaturen waren zu niedrig angesetzt; die Kosten der Kfz-Versicherung wurden vergessen; etc.)? Solche finden sich typischerweise in den hierarchisch höheren Ausgabenbereichen, also tendenziell eher bei den unvermeidbaren und existentiellen Ausgaben. Korrigieren Sie Ihre Planung in diesem Bereich und schaffen Sie einen Haushaltsausgleich durch die Korrektur anderer Ausgabenblöcke (z.B. weniger Kino, etc.).
- War Ihre Planüberschreitung kein Planungsfehler, sondern findet sich in den konsumtiven Ausgaben am Ende Ihrer Ausgabenliste, so müssen Sie die oft psychologischen Gründe dafür überprüfen: Warum sind Sie in diesem Monat z.B. häufiger ins Kino gegangen als geplant? Laufen Sie Gefahr, dies auch im neuen Monat oder sogar in jedem Monat zu machen? Können Sie selbst für mehr Kontrolle in Ihrem Ausgabenverhalten sorgen oder sollten Sie so früh wie möglich professionellen Rat suchen?

Vermögen im Auge behalten

Behalten Sie immer den Überblick über Ihre finanziellen Reserven und Ihre Schulden. Legen Sie dafür neben der Haushaltsplanung auch ein Übersichtsblatt mit Ihrem Vermögen an:

Sie können so frühzeitiger erkennen, ob Sie Ihre überhöhten Ausgaben noch durch Reserven ausgleichen können und wie sich Ihre Schulden nach monatlicher Tilgung und eventuell einem Haushaltsausgleich entwickeln. Sparkonten bieten oft im ersten Jahr einen höheren Zinssatz und fallen dann weit zurück. Kündigen Sie rechtzeitig zum Ende der Zinsfestschrei-

Vermögensübersicht

	Kontonummer	Bankinstitut	Saldo	Fristigkeit
Reserven				
– Sparkonto	1234567890	X	Euro ###	
– Festgeld	2345678901	Y	Euro ###	
– usw.				
Schulden				
– Ratenkredit	12345	A	Euro ###	
– Hypothek	23456	B	Euro ###	
– Kredit Moni			Euro ###	
– usw.				

bung oder verhandeln Sie einen neuen, höheren Zinssatz. Tragen Sie das Kündigungsdatum in Ihrer Vermögensübersicht ein!

Die Fristeninkongruenz

Fristen und Fälligkeiten

Fristeninkongruenz ist ein Fachbegriff aus dem Bankenbereich und bedeutet, dass Zahlungsströme bei der Mittelherkunft und der Mittelverwendung unterschiedliche Fristen oder Fälligkeit haben. Das lässt sich an einem Beispiel verdeutlichen: Eine Bank oder Ihr Haushalt hat als Vermögensgegenstände Forderungen in Höhe von 5000 Euro, die in einem Jahr zurückgezahlt werden. Von den 5000 Euro waren 3000 Ihr eigenes Vermögen oder Eigenkapital, den Rest (also 2000 Euro) mussten Sie sich von einer Bank leihen. Dazu haben Sie einen kurzfristigen Kredit in Anspruch genommen, den Ihre Bank täglich kündigen kann. Die Fristen bei der Rückzahlung Ihres eigenen Kredits und die Forderungen, die Sie an Ihren Schuldner haben, stimmen also nicht überein. Daraus entsteht ein zweifaches Risiko:

- Bei Zinserhöhungen kann Ihr Kredit kurzfristig teurer werden, Sie können diese Kostensteigerungen aber nicht an denjenigen weitergeben, der Ihnen die 5000 Euro schuldet.
- Wird Ihr täglich fälliger Kredit von der Bank gekündigt, kommen Sie nicht zeitgleich an die Rückzahlung Ihrer Forderungen heran, die ja erst in einem Jahr fällig sind. Und schon droht Ihnen die Zahlungsunfähigkeit!

Finanzkrise 2008

Hier noch ein aktuelles Beispiel, um diesen Ablauf zu verdeutlichen: Die Kreditkrise von 2008 hatte eine ihrer Ursachen darin, dass Banken in lang laufende amerikanische Hypotheken investiert hatten. Dazu verwendeten sie aber nur magere 3 Prozent Eigenkapital und unglaubliche 97 Prozent kurzfristiges Fremdkapital. Als in den USA die Zinsen für kurzfristig verliehenes Geld zu steigen begannen (nämlich von ein auf fünf Prozent), mussten die Banken für ihren Kredit plötzlich mehr Zinsen bezahlen als sie durch ihr Investment erwirtschafteten. Ihre Geldgeber (andere Banken) forderten zusätzliche Sicherheiten, die nicht bezahlt werden konnten. Einige Banken schlitterten dadurch in die Insolvenz!

Risiko langfristiger Kredit mit kurzfristiger Zinsbindung

Doch nicht nur für Banken kann die Fristeninkongruenz zum Problem werden, sondern auch für private Kreditnehmer. In Österreich ist es üblich, die Finanzierung von Eigentum (Haus, Eigentumswohnung) über einen Kredit mit kurzfristiger Zinsbindung abzuwickeln. Hintergrund dabei ist wohl, dass der Zinssatz für eine recht kurze Frist (z.B. drei Monate) in der Regel niedriger ist als für lange Laufzeiten (fünf bis zwanzig Jahre). Von Banken und Finanzvermittlern werden solche Finanzierungen gerne angeboten, ermöglichen sie es doch scheinbar zusätzlichen Bevölkerungsgruppen, sich ihren Traum vom Eigenheim zu erfüllen.

Ein weiterer Vorteil für den Kreditnehmer ist, dass er den Kredit zum Ende jeder Zinsbindung (also alle drei Monate) ganz oder teilweise kündigen kann, z.B. für Sondertilgungen (vorzeitige Kreditrückzahlung), weil etwa ein glücklicher Zufall eine Erbschaft oder einen Lottosechser in die Haushaltskasse gespült hat.

LIBOR und EURIBOR

Wussten Sie jedoch, dass diese hierzulande übliche Verfahrensweise ebenfalls gegen die Fristenkongruenz, also dem Prinzip gleicher Fristigkeiten, verstößt? Im Rahmen der Unternehmensbeurteilung durch Banken bei der Kreditvergabe findet sich genau diese Fristenkongruenz z.B. in den sogenannten Goldenen Bilanzregeln (Finanzierung von langfristigem Anlagevermögen nur durch Eigenkapital und langfristiges Fremdkapital) wieder. Verstößt der Unternehmer dagegen, führt dies zu einer schlechteren Bonität und damit höheren Zinsen, wenn er sich Geld leihen will!

Wie Banken anderen Banken Geld leihen

Als Basis für die kurzfristige Zinsbindung bei einem Kredit dient der LIBOR (London Interbank Offered Rate) z.B. im Bereich des Schweizer Franken (CHF) oder der EURIBOR im Euro-Bereich. Es handelt sich dabei um den Zinssatz, zu dem Banken anderen Banken kurzfristiges Geld leihen. In der Regel liegt er etwa 0,15 Prozent (15 Basispunkte) über dem Leitzins der Europäischen Zentralbank (EZB) – in Zeiten der Finanzmarktkrise 2008 jedoch bis zu 1,25 Prozent (125 Basispunkte) über diesem Leitzins der EZB.

Eine kurzfristige Zinsbindung für einen langfristigen Hypothekarkredit hängt demnach ab:

- vom Leitzins der Zentralbank eines Landes
- vom Vertrauen der Banken untereinander

Wenn Sie sich also für eine kurzfristige Finanzierung Ihres Eigenheims interessieren, ist es zwingend erforderlich, dass Sie sich Gedanken über die zukünftige Entwicklung dieses (scheinbar) günstigeren kurzfristigen Zinssatzes machen.

Die Grafik zeigt die Entwicklung des EURIBOR (für 3 Monate) von Ende 2003 bis Ende 2008 auf. In der Niedrigzinsphase 2003/2004 betrug er nur knapp zwei Prozent, d.h. ein Kreditnehmer musste für drei Monate einen Zinssatz von zwei

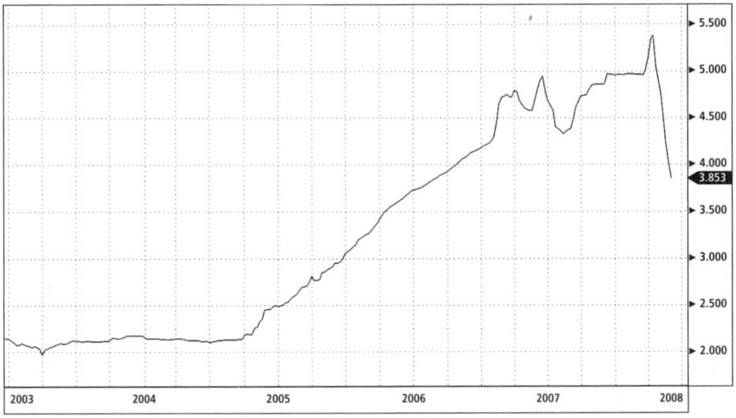

Entwicklung des EURIBOR seit 2003 (Quelle: Bloomberg)

Prozent (pro Jahr) plus eine Bankmarge (Zinsanteil für die Hausbank, die ja auch was verdienen möchte) von zumeist 1 bis 1,5 Prozent pro Jahr bezahlen. Das machte in der Summe eine Zinsbelastung von 3 bis 3,5 Prozent. Im Herbst 2008 betrug der EURIBOR allerdings 5,4 Prozent, mit Bankmarge ergab das einen Zinssatz von 6,4 bis 6,9 Prozent, also zumindest eine Verdopplung der Zinslast innerhalb weniger Jahre!

Kurzfristige Finanzierung ist für Anschaffung eines Eigenheims ungeeignet

Kurzfristige Finanzierungsvarianten für einen Haus- oder Wohnungskauf sind also, wie das Beispiel der Zinsentwicklung (veranschaulicht durch obige Grafik) zeigt, ein im höchsten Maß ungeeignetes Mittel! Welcher Bauherr plant schon eine Verdopplung seiner Zinslast innerhalb von nur vier bis fünf Jahren ein!

Ohnehin sollten Sie sich von vermeintlich niedrigen Zinsen nicht blenden lassen. Die langfristige Festschreibung des Zinssatzes kostet oft nur einen oder zwei Prozentpunkte mehr, ist also insbesondere in einer Niedrigzinsphase die einzig richtige Entscheidung. Eine langfristige Investition in ein Haus oder eine Wohnung erfordert auch ein langfristiges Finanzierungskonzept und das heißt eine möglichst lange Zinssicherheit.

Eine Kreditaufnahme mit einem variablen Zinssatz, der sich alle drei Monate ändern kann, ist eigentlich nur dann geeignet, wenn

- zwischendurch Sondertilgungen geleistet werden sollen und können oder
- wenn man mit sinkenden Zinsen rechnet.

Wenn Sie sich dafür entscheiden, muss Ihnen das Risiko bewusst sein: Bei steigenden kurzfristigen Zinsen erhöhen sich Ihre monatlichen Zinszahlungen zum Teil dramatisch! Und wenn Sie jetzt noch zur Zinsoptimierung einen Fremdwährungskredit in japanischen Yen oder Schweizer Franken abgeschlossen haben (da die Zinsen dort noch geringer waren) und diese Währungen aufwerten, haben Sie dadurch nochmals ein höheres Risiko!

Solide finanzieren

TIPP

Bei einer langfristigen Finanzierung z.B. über 20 Jahre die Finanzierungskosten durch eine kurzfristige Verschuldung (dreimonatige Zinsbindung) und einen Fremdwährungskredit optimieren zu wollen, sollten Sie sich gut überlegen. Das hat mit solidem Haushalten nichts zu tun! Langfristige Anschaffungen wie ein Haus oder eine Eigentumswohnung sollten auch langfristig mit fest planbaren Zinsausgaben finanziert werden.

Fristenkongruenz im Haushaltsplan

Ein Haushaltsplan beinhaltet die monatlichen und jährlichen Einnahmen und Ausgaben. Hinter diesen stehen zum Teil feste Verträge:

- Auf der Einnahmenseite z.B. regelt ein Arbeitsvertrag unsere Einkünfte.
- Auf der Ausgabenseite finden sich Verträge für die Mietwohnung, das Telefon, vielleicht auch für Kredite und Versicherungen. Diese Verträge sind einzuhalten, damit nicht Prozesse, hohe Kosten oder im Extremfall die Zahlungsunfähigkeit drohen.

Erinnern Sie sich? Der am Anfang des Buches vorgestellte Haushaltsplan beinhaltet (im Gegensatz zu vielen einfacheren Haushaltsplänen) auch eine Spalte für Laufzeit – Kündigungsfristen. Damit lässt sich das Thema Fristeninkongruenz anhand Ihres Haushaltsplans näher betrachten:

Nehmen wir an, Sie sind angestellt und derzeit in einem befristeten Arbeitsverhältnis für 1500 Euro netto beschäftigt, z.B. als Karenzvertretung. Ihr Vertrag endet automatisch in zwölf Monaten. Es ist derzeit unklar, ob Sie direkt wieder eine neue Beschäftigung zum gleichen Gehalt finden oder arbeitslos werden. Als Arbeitsloser würden Sie 55 Prozent Ihres letzten Monatseinkommens, d.h. in diesem Fall 825 Euro, erhalten. Ihr momentaner Haushaltsplan sieht neben unveränderlichen Ausgaben für Wohnung und Lebensmittel in Höhe von insgesamt 825 Euro auch einen Sparanteil von 300 Euro vor. Für einen Urlaub legen Sie monatlich 100 Euro auf die Seite und für Freizeit, Kleidung, etc. sehen Sie 200 Euro vor. Bravo! Sie haben den möglichen Ausfall der 600 Euro bereits berücksichtigt. Auch wenn Sie arbeitslos werden, könnten Sie durch Verzicht auf Sparen, Urlaub und Einschränkungen bei anderen Bereichen zumindest für eine gewisse Zeit den Einnahmeausfall ausgleichen und allen festen Verpflichtungen nachkommen.

Was aber wäre, wenn Sie die 600 Euro bereits fest für weitere Verpflichtungen eingeplant hätten? Nehmen wir einmal an, Sie hätten sich mit Ihrem Partner eine Wohnung gekauft. Das Darlehen läuft über 20 Jahre und die monatliche Rate beträgt von Ihrem Einkommen nicht nur die hier eingeplante Mietzahlung, sondern zusätzlich auch die im ersten Beispiel freien 600 Euro. In diesem Fall wären Sie nach Beendigung des befristeten Arbeitsverhältnisses nicht mehr in der Lage, Ihren Verpflichtungen aus dem Kreditvertrag nachzukommen! Sie hätten ein massives Problem, da Ihre festen Ausgaben langfristiger angelegt wären als Ihre Einnahmen.

Ist die Kreditrate auch unter ungünstigen Bedingungen noch leistbar?

Überprüfen Sie vor dem Eingehen von langfristigen Verpflichtungen immer, ob Sie auch unter ungünstigen Umständen in der Lage sein werden, Ihren Kreditzahlungen nachzukommen! Ihre Einnahmen können auch bei festem Anstellungsverhältnis Schwankungen unterliegen (z.B. durch Mutterschaft, Arbeitslosigkeit, Kurzarbeit, etc.). Hier empfiehlt es sich, die für die Schuldentilgung verfügbaren Einnahmen aus

Vorsichtsgründen geringer anzusetzen. Sie brauchen deshalb nicht auf den Hauskauf, die neuen Möbel, etc. zu verzichten. Aber: Legen Sie bereits vor dem Kauf immer wieder Geld zurück. Sie erreichen damit mehrere Ziele gleichzeitig:

- Wenn Sie auf etwas sparen, üben Sie bereits vor dem Kauf Konsumverzicht und können damit besser abschätzen, ob Sie mit dem verbliebenen Geld vernünftig – und für Sie befriedigend – haushalten und leben können!
- Den angesparten Betrag nutzen Sie zur Verringerung der notwendigen Schulden! Hierdurch senken Sie die monatliche Belastung und/oder die Laufzeit eines Kreditvertrages. Zugleich sinken auch die von Ihnen zu bezahlenden Zinsen als nicht unwesentlicher Ausgabenblock.

Fristenkongruenz in der Vermögenslage

Vermögen haben und doch die vertraglichen Zahlungsverpflichtungen nicht erfüllen können? Ein Albtraum, in der Praxis aber leider doch weit verbreitet. Ursache hierfür ist immer eine Fristeninkongruenz zwischen einer Vermögensanlage und dem Geldbedarf im Haushaltsplan.

Auch dazu ein Beispiel: Herr A. hat ein kleines Vermögen von immerhin 15.000 Euro. Da die Zinsen auf Sparbüchern und im kurzfristigen Festgeldbereich sehr niedrig sind, entscheidet er sich für die Vermögensanlage im mittelfristigeren Bereich, jedoch ohne zwischenzeitliche Kündigungsmöglichkeit. Kurz nach der Veranlagung des Geldes ist unerwartet eine größere Anschaffung notwendig: Das Auto hat einen Motorschaden – Totalverlust. Die Versicherung ersetzt den Schaden nicht. Herr A. benötigt das Auto aber dringend für Fahrten zu seiner Arbeitsstelle. Im Haushaltsplan ist eine derartige Reserve nicht vorgesehen.

Albtraum vorhandenes Vermögen, aber ohne Zugriff darauf

Nun hat Herr A. zwar Vermögen, aber er kann nicht darauf zugreifen. Natürlich könnte er nun einen Kredit aufnehmen und als Sicherheit dafür seine Finanzanlage verpfänden. Die Zinsen für einen solchen Kredit kämen ihn aber trotzdem teuer zu stehen.

Auch bei größeren Vermögen tritt dieser Fall in ähnlicher oder anderer Form immer wieder auf. Gut- und Besserver-

Reserve kurzfristig anlegen

TIPP

Auch bei kleinerem oder größerem Vermögen ist es erforderlich, dass ein Teil des Geldes immer kurzfristig für unerwartete Ausgaben zur Verfügung steht. Die Höhe des kurzfristig verfügbaren Geldes ist nicht generell bestimmbar, sondern richtet sich nach Einkommen, Haushaltsplan, Konsumverhalten und Lebensstil. Bei Normalverdienern sollte ein Betrag von drei Nettomonatsgehältern ausreichend sein.

dienende senken häufig ihre aktuelle Steuerlast durch Beteiligungen an geschlossenen Immobilien- oder Schiffsfonds. Dabei handelt es sich jedoch nicht nur um riskante Beteiligungen an Gewerbebetrieben, sondern diese Investments sind auch nicht oder kaum verkäuflich. Wurden solche Beteiligungen dann auch noch teilweise mit Kredit finanziert – als weiterer Fehler: natürlich kurzfristig – kann auch jemand, der überdurchschnittlich verdient, bei unerwarteten Ausgaben in größere Probleme kommen.

Kurzfristige Zahlungsschwierigkeiten

Bei Zahlungsschwierigkeiten sofort handeln

Jeder kann, trotz Aufstellung eines realistischen Haushaltsplans und einer Kontrolle der Ausgaben, unverschuldet in Zahlungsschwierigkeiten kommen. Dramatische Ereignisse wie Arbeitslosigkeit, Unfall oder ein Todesfall und schon können Sie kurzfristig Ihre Rechnungen nicht mehr begleichen.

Aktiv handeln

In einer solchen Situation wäre es absolut verkehrt, die Augen zu verschließen und zu hoffen, dass Ihre Gläubiger ohne ein Lebenszeichen von Ihnen geduldig auf das ihnen zustehende Geld warten. Der eine oder andere wird Ihnen schließlich auch einen gerichtlichen Zahlungsbefehl schicken, der Ihnen zusätzliche Kosten verursacht und damit auch die Rückzahlung der Schulden erschwert. Auch verschlechtern Sie durch eine solche Vogel-Strauß-Politik dauerhaft das Verhältnis zu Ihrem Vertragspartner und gefährden damit die weitere Zusammenarbeit und ein gewisses Verständnis, auf das Sie in späteren Notsituationen vielleicht noch dringend angewiesen sind.

Gläubiger informieren und nach Lösungen suchen

Richtig ist es, der Situation aktiv zu begegnen. Lassen Sie sich nicht das Heft des Handelns aus der Hand nehmen. Zwei Dinge sind jetzt absolut vordringlich: Information des Gläubigers und Suche nach Lösungen. Wesentliche Inhalte hierbei müssen sein:

- Teilen Sie Ihrem Gläubiger mit, dass Sie unerwartet in (kurzfristige) Zahlungsschwierigkeiten gekommen sind.
- Geben Sie den Grund für die Zahlungsschwierigkeiten an – damit können Sie Offenheit demonstrieren und Verständnis wecken.
- Überprüfen Sie möglichst rasch mit fachlich geeigneten Beratern (Rechtsanwalt, Steuerberater, Schuldnerberatung) Ihre kompletten Einnahmen und Ausgaben, um die Zahlungsschwierigkeiten zu überwinden.
- Melden Sie sich innerhalb von ein bis zwei Wochen wieder bei Ihrem Gläubiger und nennen Sie ihm Lösungsmöglichkeiten (Zahlung einen Monat später mit Zinsen, Zahlung in Raten, Aufnahme zusätzlicher Arbeit, etc.) Bitten Sie um einen Termin, um Ihre Vorschläge mit ihm zu besprechen.

Mit einem Brief oder einem Anruf bei Ihrem Gläubiger verschaffen Sie sich zeitlich etwas Luft zur Suche nach (realistischen) Lösungen und belasten das Verhältnis zu ihm nicht zusätzlich, indem Sie nichts von sich hören lassen. Betrachten Sie das Problem auch aus seinem Blickwinkel: Jeder möchte sein Geld möglichst frühzeitig, ohne größere Probleme und ist an einer weiteren reibungslosen Zusammenarbeit interessiert. Wichtig ist, dass Sie keine falschen oder unrealistischen Aussagen machen! Diese holen Sie nach Fristablauf in zwei

Wochen wieder ein und dann haben Sie zusätzlich ein Glaubwürdigkeitsproblem.

Suchen Sie umgehend nach Lösungen für Ihre Finanzmisere. Nehmen Sie fachlichen Rat (z.B. einer Schuldnerberatung) in Anspruch und analysieren Sie Ihr Problem und Ihren Haushaltsplan:

Problem analysieren, Ursachen beheben

- Wann sind welche Schulden in welcher Höhe fällig?
- Welches Ereignis führte zum Problem und wie lassen sich ähnliche Fälle in Zukunft möglichst vermeiden?
- Welche Kosten im Haushaltsplan lassen sich sofort (Kino, Ausgehen) oder in drei Monaten (Kündigung eines Abos) streichen, um die Schulden kurzfristig zu bezahlen? Reicht dieser Betrag aus?
- Welche Kosten lassen sich zeitlich verschieben – Anschaffungen, Kleidung? Reicht dieser Betrag aus?
- Welche Kosten lassen sich ersetzen: Fahrten mit öffentlichen Verkehrsmitteln statt Auto, Verkauf des Autos? Reicht dieser Betrag aus?
- Ist es möglich, die Einnahmen zu erhöhen, z.B. durch einen Nebenjob? Vorsicht: Ihr Arbeitgeber muss in der Regel zustimmen.

Oft genug ist die ehrliche Beantwortung dieser Fragen – verbunden mit der Bereitschaft zu Konsumverzicht – ein wesentlicher Schritt zur Lösung des Problems. Weitere Lösungsmöglichkeiten können Ihnen bei Bedarf die Fachleute von der Schuldnerberatung nennen.

Ungeeignete Einkommensquellen

Die Ausgaben sind ungeplant zu hoch oder die Einnahmen brechen überraschend weg und die Gläubiger warten auf ihr Geld. Schon beginnt die Suche nach neuen bzw. zusätzlichen Einkommensquellen. Oder Sie möchten sich mit der zusätzlichen

Einnahmequelle einen Traum erfüllen bzw. mit hohen Renditen für das Alter vorsorgen? Leider wird diese Notlage oder dieser Wunsch schamlos ausgenutzt und aus dem Traum vom zusätzlichen - wenn möglich auch noch hohen - Einkommen werden unversehens zusätzliche Ausgaben! Ihr Problem ist damit nicht kleiner, sondern noch viel größer geworden.

Wir haben hier für Sie einige einfache Regeln aufgestellt, die Sie vor den größten Gefahren schützen sollen.

Niemand hat etwas zu verschenken

Im Alltag würden wir es von anderen niemals erwarten - in Finanzgeschäften mit hohen Gewinnversprechen erscheint es uns dagegen selbstverständlich! Viele Angebote wirken zuerst einmal wie ein Geschenk: hoher Gewinn ohne Risiko.

Lassen Sie sich niemals von schönen Versprechen blenden, sondern handeln Sie in Geldgeschäften genauso vorsichtig wie im übrigen Leben. Bleiben Sie realistisch - warum sollte ausgerechnet Ihnen jemand Geld schenken?

Keine Chance ohne Risiko

Höhere Gewinnchance bedeutet immer höheres Risiko

Viele Angebote, die oft in den Kleinanzeigen der Zeitungen zu finden sind, bauen auf einem einfachen Prinzip auf: Es werden kurzfristig hohe Gewinnchancen ohne Risiko geboten. Vergessen Sie's! Unsere Finanzwelt ist so organisiert, dass eine höhere Chance immer mit einem höheren Risiko erkauft werden muss. Bei Anleihen erhalten Sie für zehnjährige Papiere des österreichischen Staates (risikolos) derzeit (Januar 2009) 3,7 Prozent Zinsen pro Jahr. Bei unsicheren Unternehmensanleihen sind dagegen durchaus fünf bis sechs Prozent pro Jahr zu holen. Bei Unternehmensanleihen mit schlechter Bonität sogar noch wesentlich mehr. Hier haben Sie aber auch ein wesentlich höheres Risiko, dass Sie Ihr Geld nie wieder sehen.

Den Vergleichsmaßstab für risikolose Anlagen (österreichischen Staatsanleihen) können Sie täglich in der Zeitung nachlesen oder bei Ihrer Bank erfragen. Wenn Ihnen Geschäfte angeboten werden, die eine wesentlich höhere Rendite (Verzinsung des eingesetzten Kapitals) versprechen, ist äußerste

Vorsicht angesagt! Eine sichere Rendite von zwanzig Prozent in drei Monaten, was achtzig Prozent im Jahr bedeuten würde, ist nicht möglich. Hohe Renditeversprechen unter Zusage von absoluter Sicherheit sind nur eines: unseriös!

Niemals Geschäfte ohne Verstehen

Vertrauen Sie niemals blind den Versprechungen anderer

Vertrauen Sie niemals blind einem Finanzberater oder einem anderen zukünftigen Geschäftspartner. Dieser wird – da kaum jemand uneigennützig handelt – immer die Chancen betonen und die Risiken (sofern er sie überhaupt erwähnt!) kleinreden. Wichtig ist: Sie müssen die Wirkungszusammenhänge des Geschäfts und die Risiken vollständig verstehen und dann für sich entscheiden, ob Sie diese Risiken bewusst eingehen wollen.

In der Werbung finden Sie z.B. oft Angebote für hohe Zinsen, etwa 10 Prozent p.a. für ein halbes Jahr. Bei genauerem Betrachten stellen Sie fest, dass es sich um Zinsen in der Währung Südafrikanischer Rand handelt, bei dem im Sommer 2008 tatsächlich solche Zinssätze üblich waren. Warum also nicht die Ersparnisse vom täglich fälligen Sparbuch (ein Prozent Zinsen) in Rand anlegen? Durch geschicktes Nachfragen und Erkundigungen bei Freunden erfahren Sie, dass der Wechselkurs zwischen dem Euro und dem Rand stark schwankt. Sie haben also ein hohes Wechselkursrisiko. Des weiteren erfahren Sie erst auf ausdrückliches Nachbohren, dass der Anbieter Ihnen für den Umtausch Ihrer Euro in Rand und später von Rand in Euro auch noch eine Umtauschgebühr von ein Prozent in Rechnung stellt. Und so würde dieses Geschäft für Sie aussehen (p.a. bedeutet per annum, also pro Jahr):

Erwarteter Zinsertrag (10 % p.a. für halbes Jahr)	500 Euro
Wechselgebühr Euro – Rand (1 % von 10.000 Euro)	–100 Euro
Wechselgebühr Rand – Euro (1 % von 10.000 Euro)	–100 Euro
Ertrag risikoloses Sparbuch (1 % p.a. für halbes Jahr)	–50 Euro
Summe (rechnerischer Vorteil)	250 Euro

Für einen Gewinn von 250 Euro im halben Jahr (d.h. fünf Prozent Verzinsung auf das Jahr gerechnet) sollen Sie ein Währungsrisiko, das weder Sie noch wir richtig beurteilen können, eingehen? Wenn die Währung nur fünf Prozent in diesem halben Jahr verliert – in der Vergangenheit gab es größere Schwankungen – verlieren Sie 500 Euro, d.h. doppelt so viel wie Ihren scheinbaren Vorteil aus dem höheren Zinssatz.

Mit diesem Beispiel konnten Sie durch andere Quellen als den Anbieter sich immerhin die Risiken und die Funktionsweise dieses zweifelhaften Geschäfts vor Augen führen. Oft wird aber von Sicherungspapieren im internen Bankenhandel usw. gesprochen – hier können Sie noch nicht einmal prüfen, ob es diese überhaupt gibt. Wenn Sie daher ein Geschäft nicht lückenlos verstehen: Finger weg!

Auch bei einer Beteiligung an einer Gesellschaft (Fonds, etc.) müssen Sie immer verstehen, was diese Gesellschaft macht. Wird dies im Vorhinein nicht klar und verständlich unter Nennung der Investitionsobjekte dargelegt, haben Sie es mit einem sogenannten Blindpool zu tun. Sie vertrauen hier vollständig darauf, dass der Geschäftsführer der Gesellschaft das Richtige macht und haben keine Chance, sich im Vorfeld eigene Gedanken zu machen, ob dieses Geschäftsmodell richtig ist. Für eine derartige Vertrauensentscheidung sollten Sie den Anbieter und die handelnden Personen sehr gut kennen, denn es geht schließlich um Ihr Geld.

Interessen des Gegenübers erkennen

Jeder Geschäftspartner hat Eigeninteressen

Gehen Sie prinzipiell davon aus, dass Ihr zukünftiger Geschäftspartner Ihnen nicht einen Gefallen tun möchte, sondern vor allem Eigeninteressen hat! Im Falle unseres obigen Beispiels (Euro und Südafrikanischer Rand ► Seite 139) können Sie das an der Berechnung leicht ablesen: Ihr Gegenüber erhält zwei Prozent der Anlagesumme für den Tausch der Währungen, und das ohne jedes Risiko. Diese zwei Prozent beziehen sich natürlich auch nur auf ein halbes Jahr, sind auf das Jahr hochgerechnet also vier Prozent. Sie selbst sollen zwar eine Verzinsung von fünf Prozent nach Kosten erhalten, dafür aber auch das Währungsrisiko alleine tragen.

Versuchen Sie prinzipiell, das Geschäftsmodell und damit

die Interessen Ihres Gegenübers zu verstehen. Fragen Sie sich und ihn, warum er das Geschäft nicht selbst macht! In unserem Beispiel mit den Südafrikanischen Rand könnte der Anbieter ja auch Kredite günstig aufnehmen (in Euro ab sechs Prozent, in Yen ab ein Prozent) und das Geld in Rand anlegen. Warum macht er das nicht, wenn das Geschäft so risikolos ist, wie behauptet wird?

Auch die folgenden Fragen sollten Sie sich immer wieder stellen:

Frage: Warum vertreibt ein erfolgreicher Börsespekulant kostenpflichtige Börsenbriefe, wenn er immer oder meistens richtig liegt?
Antwort: Weil nur die Gebühren fürs Abonnement sichere Einnahmen für ihn sind und niemand die Börse immer richtig einschätzen kann.

Frage: Warum wird in Kleinanzeigen für hohe Nebenverdienste – 650.000 Euro bei selbständiger Tätigkeit – geworben, anstatt gute Mitarbeiter für 40.000 Euro selbst einzustellen?
Antwort: Weil diese Einnahmen unsicher oder unseriös gerechnet sind. Oft geht es dem Anbieter nur um eine Schutzgebühr, Anzahlung, etc., mit der Sie sich in dieses tolle Geschäft einkaufen sollen.

Prüfen Sie jedes Geschäft sorgfältig auf offene und versteckte Kosten

Prüfen Sie jedes Angebot auf offene und verdeckte Kosten, schließlich müssen Sie diese von Ihrem Geld bezahlen. Bei einem offenen Fonds (kein festes Fonds-Kapital, jederzeitiger Ein- und Ausstieg möglich) wird z.B. das Agio (Ausgabeaufschlag) als offene Kosten bezeichnet. Wenn Sie sich jetzt den Verkaufsprospekt durchlesen, finden Sie häufig weitere jährliche Kosten wie die Managementvergütung von oft anderthalb bis zwei Prozent des Vermögens. Bei geschlossenen Fonds (festes Kapital ohne Rückgabemöglichkeit der Anteile) sind die versteckten Kosten schwerer ersichtlich, erreichen aber häufig 20 Prozent des Anlagebetrages. Hohe Kosten schmälern aber Ihre Chance, eine gute Rendite auf Ihr eingesetztes Kapital zu erhalten. Der Anreiz des Anbieters liegt hier schwerpunktmäßig am kurzfristigen Verkauf und nicht am langfristigen Erfolg, der über eine Erfolgsprovision möglich wäre.

Geschäftsanbahnung kritisch sehen

Kennen Sie das nicht auch? Bei tollen Geschäftsmöglichkeiten sehen Sie nur den erwartbaren Gewinn und all die schönen Dinge, die Sie sich damit kaufen könnten? Stellen Sie sich immer zwei Fragen: Warum wird gerade mit mir Kontakt aufgenommen und auf welche Weise?

Unbequeme Fragen schützen vor Fehlern

- Warum ich? Natürlich ist diese Frage, will man sie realistisch oder zumindest selbstkritisch beantworten, weder bequem noch schmeichelhaft. Bei einem Durchschnittseinkommen von 35.000 Euro im Jahr haben nur wenige die Fähigkeiten, ein Einkommen von z.B. großspurig versprochenen 650.000 Euro zu erzielen. Haben genau Sie die Ausbildung, Erfahrung und die Fähigkeiten dazu?

Übrigens: Spitzenleute in Wirtschaft und Sport werden mit Sonderzahlungen und Ablöseprämien zum Wechsel des Arbeitsplatzes geködert. Von Ihnen aber wollen unseriöse Anbieter umgekehrt eine Schutzgebühr, eine Anzahlung, die Vorfinanzierung einer Ausbildung oder ähnliches? Hier stimmt doch etwas nicht, oder?

- Wie wird das Geschäft angebahnt? Wenn Sie über Zeitungsanzeigen oder Telefonkontakte angeworben werden, sollten Sie sehr kritisch sein. Bei Zeitungsanzeigen dient eine hohe Verdienstmöglichkeit immer nur als Lockvogel, um möglichst viele Leser zur Kontaktaufnahme zu überreden. Womit sich sofort die Frage stellt, wie viele Chancen es denn dann überhaupt geben kann.

Eine Kontaktaufnahme über Telefon ist nicht nur hochgradig unseriös, sondern auch verboten (sogenanntes Cold Calling)! In solchen Fällen haben Sie es garantiert mit bestens geschulten Verkäufern zu tun, die Sie mit allen psychologischen Tricks zum Abschluss überreden wollen, bis hin zu häufigen Telefonanrufen, Drohungen, wechselnden Anrufern, etc. Machen Sie sich nichts vor – einem ausgebufften Profi im Telefonverkauf ist niemand gewachsen. Verbitten Sie sich weitere Anrufe und legen Sie sofort auf – Höflichkeit ist hier vollkommen fehl am Platz.

Persönliche Haftung vermeiden

Oft werden auch Beteiligungen an Fonds oder Unternehmen mit hohen, aber natürlich sicheren Beteiligungserträgen angeboten. Unabhängig von einer gesunden Skepsis gemäß den oben angeführten Regeln sollten Sie darauf achten, dass Sie keine unüberschaubaren Risiken eingehen.

Gehen Sie niemals unüberschaubare Risiken ein

Zum Teil werden Beteiligungen in der Rechtsform der GbR (Gesellschaft bürgerlichen Rechts) angeboten. Diese Rechtsform kennt keine Beschränkung der Haftung. Sie haften hier im Ernstfall auch mit Ihrem gesamten persönlichen Vermögen!

Bei anderen Rechtsformen ist das finanzielle Risiko zumindest kleiner:

Bei der KG, der Kommandit-Gesellschaft, haften die Anleger (Kommanditisten) maximal mit ihrer Einlage. Hier ist das restliche Vermögen daher geschützt. Aber Vorsicht bei Ausschüttungen, die nicht aus Gewinnen, sondern aus dem Kapital erfolgen. Diese Ausschüttungen können nachträglich von Ihnen zurückgefordert werden.

Bei Kapitalgesellschaften wie der AG (Aktiengesellschaft) oder GmbH (Gesellschaft mit beschränkter Haftung) ist die Haftung immer auf das Kapital beschränkt. Sofern aber nur eine Teileinzahlung des Grundkapitals (AG) bzw. Stammkapitals (GmbH) erfolgte, besteht natürlich in Höhe der noch nicht erbrachten Einlage eine Nachschusspflicht.

Besondere Vorsicht ist auch angebracht, wenn Ihnen atypische Beteiligungen angeboten werden. Hier wird durch eine garantierte Mindestverzinsung (oder auch Vorabverzinsung – eine Garantie kann es hier aber nicht geben, da diese nur aus einem Gewinn erfolgen kann) und zusätzliche Teilnahme am Unternehmensgewinn eine hohe Rendite Ihrer Einlage suggeriert. Bei einer atypischen (stillen) Beteiligung sind Sie jedoch nicht Gläubiger des Unternehmens, sondern Mitunternehmer! Sie nehmen daher nicht nur am Gewinn, sondern auch am Verlust der Gesellschaft teil. Sie haben kein Mitbestimmungsrecht wie die Gesellschafter und können Ihre Ansprüche erst nach der Befriedigung aller anderen Gläubiger der Gesellschaft geltend machen. Je nach Vertragsgestaltung haben Sie bei einigen Verträgen auch eine Nachschusspflicht als Anleger bis zur Höhe Ihrer Einlage – zum Teil auch darüber hinaus!

Was es bedeuten kann, ein Geschäft einzugehen, das man nicht versteht, zeigt das folgende Beispiel aus der Praxis: Die Hausbank eines Wiener Pensionisten spricht diesen im Frühjahr 2008 an, dass er mit Devisentermingeschäften einen höheren Ertrag als mit dem üblichen Sparbuch erzielen könnte. Als Kunde seiner Bank seit dreißig Jahren vertraut der Mann seinem Betreuer und willigt ohne rechtes Verständnis in das Geschäft ein. Inzwischen ist er um die Erkenntnis reicher, dass Devisentermingeschäfte eine Nachschusspflicht beinhalten, d.h. über den Verlust des gesamten Kapitals hinaus zusätzliche Zahlungen erfordern können. Der Schaden für den Pensionisten: rund 38.000 Euro!

Angebote für Kleinanleger meiden

Hohe Verwaltungskosten schmälern Rendite

Oft werden auch gerade Gering- und Mittelverdienern Beteiligungen angeboten. Damit sich hier auch wirklich jeder beteiligen kann, zeichnen sich diese Gesellschaften durch geringe Teilnahmesummen aus, z.B.: Einmalzahlung ab 2.500 Euro, Sparplan mit monatlichen Einzahlungen ab 50 Euro (oft mit langjährigen Verpflichtungen).

Hier sind bereits erste Zweifel angebracht: Viele Anleger mit kleinen Summen treiben die Verwaltungskosten nachvollziehbar in die Höhe. Die Gesellschaft müsste daher eigentlich an wenigen Anlegern mit hohen oder zumindest höheren Beteiligungsbeträgen (häufig: ab 25.000 Euro) interessiert sein. Für den Kleinanleger bedeuten die hohen Verwaltungskosten vor allem eine Schmälerung seiner Rendite. Oder anders gesagt: Die Kosten fallen sicher an, die versprochenen Gewinne stehen dagegen in den Sternen.

Pyramidenspiele erkennen

Pyramidenspiele sind sittenwidrig und verboten (§168a Abs 2 StGB: bis zu drei Jahre Gefängnis für Organisatoren und Teilnehmer). Trotzdem gibt es sie noch immer. Es ist ja auch so verlockend: Heute 1.000 Euro einsetzen und in einem Monat um 10.000 Euro reicher sein – wer träumt nicht von so etwas? Sicher ist hier aber nur, dass Sie Ihr eingesetztes Geld nie wieder sehen werden.

Und was ist mit Cash-Kettenbriefen? Mit nur 15 Euro Einsatz und dem Versand des Briefes an 100 neue Adressen die Chance auf immerhin 15.000.000 Euro in nur wenigen Wochen haben? Auch bei einer Beteiligungsquote von nur fünf Prozent winken noch 750.000 Euro. Ist das nicht die Chance des Lebens?

Bevor Sie auf so etwas reinfallen, hier die Erkennungsmerkmale von Schneeballsystemen:

Woran Sie Schneeballsysteme erkennen

- Sie werden von einem Freund oder Bekannten angesprochen oder angeschrieben und es werden Ihnen hohe Gewinnmöglichkeiten in Aussicht gestellt.
- Sie müssen ein Eintrittsgeld bezahlen, das der Werber dieses Freundes oder Bekannten bekommt. Erst dadurch wird Ihnen die Teilnahme ermöglicht.
- Sie müssen drei bis zehn oder auch hundert – je mehr desto besser – neue Teilnehmer für die Gewinnmöglichkeiten begeistern. Diese haben ebenfalls ein Eintrittsgeld zu bezahlen und müssen dann weitere Teilnehmer keilen.
- Je später jemand einsteigt, desto geringer ist die Chance, dass er auch nur seinen Einsatz wiederbekommt. Dies betrifft Sie in doppelter Weise:
  - Ihr Einsatz ist schon nach den ersten drei bis fünf Spielrunden nicht mehr einspielbar, was sich mathematisch leicht nachweisen lässt. Durch das Spiel kommt es zu exponentiell steigenden Mitspielerzahlen, die dann gar nicht mehr aufzutreiben sind. Bereits in der dritten Spielrunde gibt es eine Millionen theoretische Teilnehmer

(100 x 100 x 100), in der vierten Runde bereits 100 Millionen!
- Wenn schon Ihre Chancen sehr schlecht stehen, sind die Chancen der von Ihnen geworbenen Freunde und Bekannten noch aussichtsloser. Diese werden sich für diesen Freundschaftsdienst bei Ihnen sicher herzlich bedanken.

Service

Adressen

Stichwortverzeichnis

Adressen

Im Folgenden finden Sie nützliche Links und Adressen.
Die Liste erhebt keinen Anspruch auf Vollständigkeit.

Preisagenturen

www.allesklar.at
www.preisvergleich.at
www.shophunter.at

Preisdatenbanken

www.evendi.de
www.geizhals.at
www.getprice.de
www.guenstiger.at
www.idealo.com
www.preissuchmaschine.at

Mieterschutz-vereinigungen

Bitte beachten Sie, dass Rechtsauskünfte (auch telefonische!) nur an Mitglieder erteilt werden. Beratungstermine nach telefonischer Vereinbarung.

Mieterschutzverband Kärnten
Benediktinerplatz 5/1, 9020 Klagenfurt
Tel. 0463 51 30 92

Mieterschutzverband Niederösterreich
NÖ-SÜD
Eyerspergring 7, 2700 Wr. Neustadt
Tel. 02622 231 76

NÖ-NORD
Heßstraße 4, 3100 St. Pölten
Tel. 02742 35 34 78

Mieterschutzverband Oberösterreich
Lederergasse 21, 4020 Linz
Tel. 0732 77 12 88

Mieterschutzverband Salzburg
Hofhaymer Allee 9-11, 5020 Salzburg
Tel. 0662 84 12 52 Fax 0662 84 12 52-5

Mieterschutzverband Steiermark
Sparbersbachgasse 61 (Parterre rechts), 8010 Graz
Tel. 0316 38 48 30 Fax 0316 38 48 30-40

Mieterschutzverband Tirol
Maximilianstraße 2, Gebäude Hauptpost, 3. Stock; Zi 385-387, 6020 Innsbruck
Tel. 0512 57 40 35 Fax 0512 58 40 14
E-Mail: office@msv-tirol.at

Mieterschutzverband Wien
Döblergasse 2, 1070 Wien
Tel. 01 523 23 15 Fax 01 52304139

Burgenland
Amt der Burgenländischen Landesregierung – Schuldnerberatung
Hartlsteig 2, 7001 Eisenstadt
Tel. 02682 600-2150 Fax 02682 600- 2154
E-Mail: post.schuldnerberatung@bgld.gv.at

Kärnten
Schuldnerberatung Kärnten – Klagenfurt (Zentrale)
Waaggasse 18/3, 9020 Klagenfurt
Tel. 0463 51 56 39 Fax 0463 51 56 39-6
E-Mail: office@schuldnerberatung-kaernten.at

Schuldnerberatung Kärnten – Villach
Bahnhofplatz 8, 9500 Villach
Tel. 04242 22 616 Fax 04242 22 616-6
E-Mail: office@schuldnerberatung-villach.at

Schuldnerberatung Kärnten – Wolfsberg
Freidlgasse 1, 9400 Wolfsberg
Tel. 04352 37 221 Fax 04352 361 53
E-Mail: office@schuldnerberatung-wolfsberg.at

Schuldnerberatung Kärnten – Spittal/Drau
Bahnhofstraße 18, 3. Stock, 9800 Spittal
Tel. 04762 44 969 Fax 04762 44 969-6
E-Mail: office@schuldnerberatung-spittal.at

Niederösterreich
Schuldnerberatung NÖ GmbH (Zentrale)
Herrengasse 1, 3100 St. Pölten
Tel. 02742 35 54 20-0 Fax 02742 35 54 20-120
E-Mail: st.poelten@sbnoe.at

Schuldnerberatung NÖ GmbH – Amstetten
Preinsbacherstraße 45, 3300 Amstetten
Tel. 07472 67 138 Fax 07472 67 138-120
E-Mail: amstetten@sbnoe.at

Schuldnerberatung NÖ GmbH – Hollabrunn
Babogasse 10, 2020 Hollabrunn
Tel. 02952 20 431 Fax 02952 20 431-120
E-Mail: hollabrunn@sbnoe.at

Schuldnerberatung NÖ GmbH – Wr. Neustadt
Kesslergasse 11, 2700 Wiener Neustadt
Tel. 02622 84 855 Fax 02622 84 855-120
E-Mail: wr.neustadt@sbnoe.at

Schuldnerberatung NÖ GmbH – Zwettl
Landstraße 31/1, 3910 Zwettl
Fax 02822 57 036-120 Tel. 02822 57 036
E-Mail: zwettl@sbnoe.at

Schuldner-beratungsstellen

Oberösterreich
Schuldnerberatung OÖ – Linz (Zentrale)
Stifterstraße 16, 4020 Linz
Tel. 0732 77 55 11 Fax 0732 77 55 50
E-Mail: linz@schuldnerberatung.at

Schuldnerberatung OÖ – Ried
Bahnhofstraße 38, 4910 Ried/ Innkreis
Tel. 07752 88 552 Fax 07752 88 552-4
E-mail: ried@schuldnerberatung.at

Schuldnerberatung OÖ – Steyr
Bahnhofstraße 14/2, 4400 Steyr
Tel. 07252 52 310 Fax 07252 52 310-4
E-Mail: steyr@schuldnerberatung.at

Schuldnerberatung OÖ– Vöcklabruck
Salzburgerstraße 6, 4840 Vöcklabruck
Tel. 07672 27 776 Fax 07672 27 776-4
E-mail: voecklabruck@schuldnerberatung.at

Schuldnerberatung OÖ – Wels
Altstadt 12, 4600 Wels
Tel. 07242 77 55 1 Fax 07242 77 55 1-4
E-Mail: wels@schuldnerberatung.at

Verein für prophylaktische Sozialarbeit – Linz (Zentrale)
Stockhofstraße 9, 4020 Linz
Tel. 0732 77 77 34 Fax 0732 77 77 58 22
E-mail: linz@schuldner-hilfe.at

Verein für prophylaktische Sozialarbeit – Rohrbach
Stadtplatz 16, 4150 Rohrbach
Tel. 07289 50 00 Fax 07289 50 00-22
E-Mail: rohrbach@schuldner-hilfe.at

Salzburg
Schuldnerberatung Salzburg – Stadt Salzburg (Zentrale)
Gabelsbergerstraße 27, 5020 Salzburg
Tel. 0662 879901 Fax 0662 879901-73
E-Mail: salzburg@sbsbg.at

Schuldnerberatung Salzburg – St. Johann
Prof.-Pöschl-Weg 5a, 5600 St. Johann
Tel. 06412 71 87 Fax 06412 71 87-50
E-Mail: st.johann@sbsbg.at

Schuldenberatung Salzburg – Zell am See
Mozartstraße 5, 5700 Zell am See
Tel. 06542 203 20 Fax 06542 203 20-50
E-Mail: zell@sbsbg.at

Steiermark

Schuldenberatung Steiermark GmbH – Graz (Zentrale)
Annenstraße 47, 8020 Graz
Tel. 0316 37 25 07 Fax 0316 37 25 07-20
E-Mail: office@schuldnerInnenberatung.at

Schuldenberatung Steiermark GmbH – Kapfenberg
Wienerstraße 60, 8605 Kapfenberg
Tel. 03862 27 500 Fax 03862 27 500-20
E-Mail: obersteiermark@schuldnerInnenberatung.at

Tirol

Schuldnerberatung Tirol/ Rechtsladen – Innsbruck (Zentrale)
Wilhelm-Greil-Straße 23/5, 6020 Innsbruck
Tel. 0512 57 76 49 Fax 0512 57 76 49-10
E-Mail: office@sbtirol.at

Schuldnerberatung Tirol/ Rechtsladen – Imst
Christian-Plattner-Straße 6, 6460 Imst
Tel. 05412 63 830 Fax 05412 63 830-4
E-Mail: imst@sbtirol.at

Schuldnerberatung Tirol/ Rechtsladen – Wörgl
Bahnhofstraße 26, 6300 Wörgl
Tel. 05332 75 504 Fax 05332 75 504-11
E-Mail: woergl@sbtirol.at

Vorarlberg

IfS-Schuldenberatung GmbH – Bregenz (Zentrale)
Mehrerauerstraße 3, 6900 Bregenz
Tel. 05574 46 18 5 Fax 05574 46 18 525
E-Mail: ifs.schuldenberatung@ifs.at

IfS-Schuldenberatung GmbH – Feldkirch
Schießstätte 14, 6800 Feldkirch
Tel. 05522 75 902 Fax 05522 75 902 20
E-Mail: ifs.feldkirch@ifs.at

IfS-Schuldenberatung GmbH – Bludenz
Klarenbrunnstraße 12, 6700 Bludenz
Tel. 05552 62303 Fax 05552 62303-4
E-Mail: ifs.schuldenberatung@ifs.at

Wien

Schuldnerberatung Wien
Döblerhofstraße 9, 1. Stock, 1030 Wien
Tel. 01 33 08 735 Fax 01 33 08 735-66925
E-Mail: schuldnerberatung@fsw.at

In diesem Ratgeber erfährt man, welche Versicherungen man sich zulegen sollte, welche zumindest eine Überlegung wert sind und auf welche man getrost verzichten kann, worauf man im Gespräch mit Versicherungsvertretern achten muss und wie man Fallen im Kleingedruckten vermeidet. Außerdem: Welche Leistungen man für die Prämienzahlungen erwarten darf und wann man einen Vertrag kündigen kann.

ISBN 978-3-902273-50-5
128 Seiten, brosch., € 14,90

Weitere „Konsument"-Ratgeber
im Buchhandel oder im Online-Shop auf www.konsument.at